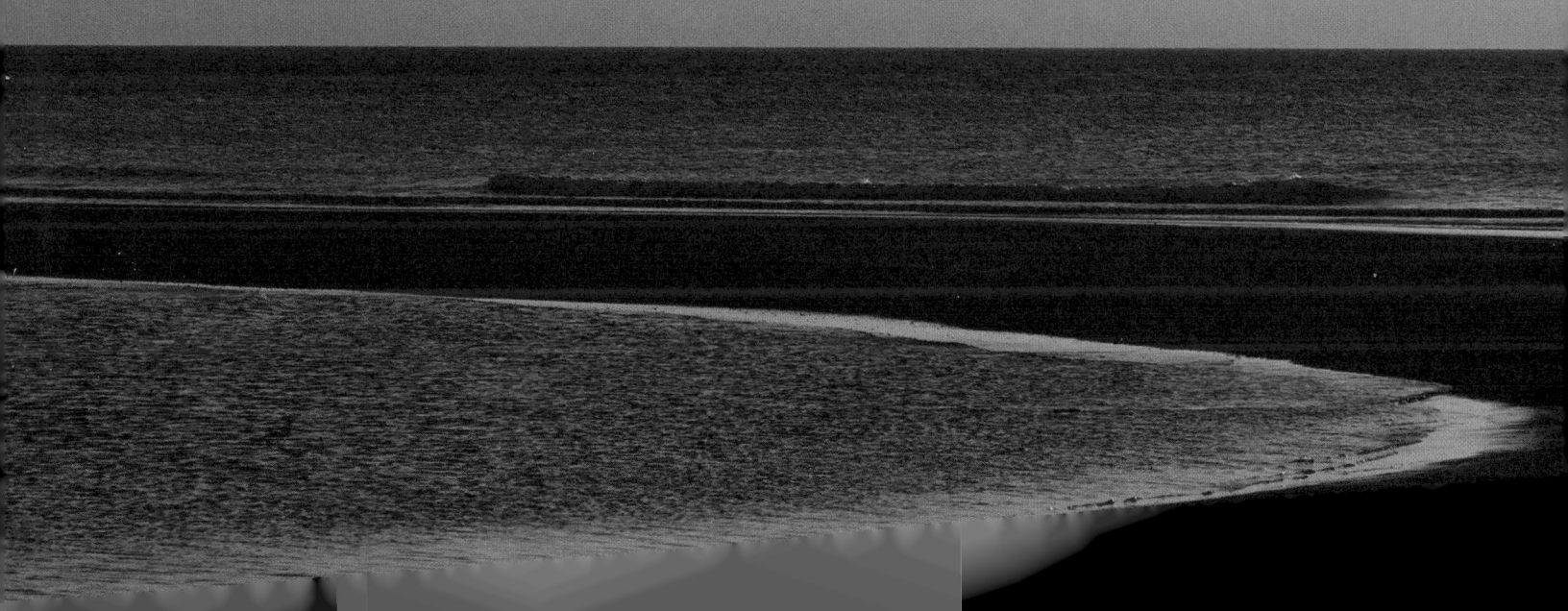

Frank Heppner

LOVE, GRILL & CHILL

SINCE 1888

INHALT

Elementar

Fleisch über einer offenen Hitze zu grillen – das ist wohl eine der ältesten Arten der Nahrungszubereitung der Menschheit. Nirgends sind wir beim Bereiten unserer Speisen so nahe dran an der Natur wie hier. Im Garten sitzen, dem Feuer zuschauen und auf die Glut warten, die Raucharomen in der Nase spüren und ein Bier oder ein Glas Wein in der Hand.

Grillen ist ein elementares Erlebnis, und so haben wir die Rezepte in unserem Grillbuch den Elementen – Erde, Feuer, Luft und Wasser – zugeordnet. Die rustikalen Klassiker mit Steaks und Kartoffeln – hier bleiben wir mit beiden Beinen auf der Erde, die spritzigen und scharfen Würzvarianten lassen uns das Feuer spüren, wir atmen Kräuteraromen und genießen luftige Beilagen oder Saucen, und bei Fisch und Meeresfrüchten oder saftigem Obst und Salat beginnen wir von Wasserreichen zu träumen.

Auch wir von Rösle haben uns ganz dem Grillen verschrieben. Unsere Grills bieten schon in der Basisversion vielfältige Einstellmöglichkeiten bei der Zubereitung. Wer auf den Geschmack gekommen ist, für den darf das Rezept auch einmal anspruchsvoller sein. Die schönsten Beispiele hat Starkoch Frank Heppner für Sie in diesem Buch zusammengestellt. Daher bieten wir jetzt abgestimmt auf die Kugelgrills noch mehr pfiffiges BBQ-Zubehör an, die erstklassiges Grillvergnügen versprechen.

Grillen ist Trend – die Flussufer, Berghütten und Grillplätze in den Städten werden belagert von feiernden Freundeskreisen, die sich zum freudigen Grilltreffen zusammengefunden haben. Grillen ist unkompliziert, gesellig, schmackhaft, aromaintensiv, variantenreich und spontan. Dieses Buch ist dem Grillen gewidmet.

Aufgelegt

Ohne Ausnahme: 10 Regeln für garantierten Grillerfolg.

1. **GRILLFLEISCH**
Grillfleisch nie direkt vom Kühlschrank auf den Grill legen. Immer 30 Minuten vorher herausnehmen und mit Folie abdecken.

2. **HEISSE UND KÜHLE GRILLZONEN**
Überlegen Sie nach der Auswahl der Speisen, wie die Kohlen im Grill hergerichtet werden müssen. Für Kurzgebratenes (bis zu 20 Minuten) den Grill auf direkte Hitze einrichten. Braten, Hähnchen und Ähnliches werden indirekt gegrillt. Nicht den ganzen Grillrost mit heißen Kohlen belegen. Richten Sie heiße und kühlere Grillzonen ein, damit das Grillgut bei zu starker Hitze verlegt werden kann.

3. **GRILLKOHLE**
Immer qualitativ gute Grillkohle verwenden. Das DIN-plus-Logo ist ein guter Anhaltspunkt dafür. Zum Anfeuern der Kohlen immer einen Anzündkamin verwenden. Diesen einfach mit Kohle befüllen und mit entsprechenden Anzündhilfen von unten entzünden. Nun auf den Kohlerost im Grill stellen. Nach etwa 30 Minuten bildet sich oben auf den Kohlen eine weiße Ascheschicht. Nun sind die Kohlen einsatzbereit und können in den Grill gefüllt werden.

4. **ANZÜNDHILFEN**
Bei Anzündhilfen immer darauf achten, dass diese ausdrücklich für Grillkohle geeignet sind.

5. **PLANUNG**
Frühzeitige Planung ist wichtig. Für das Grillen braucht man Zeit, für die Vorbereitung auch. Denken Sie an Marinierzeiten und den Vorlauf, bis der Kohlegrill heiß und einsatzbereit ist.

6. **WERKZEUG**
Mehr Grillspaß haben Sie mit professionellem Grillwerkzeug. Es ist wichtig, dass das Werkzeug eine Länge von mindestens 40 cm hat und aus Edelstahl 18/10 besteht. Alles andere beginnt im Freien oder in der Spülmaschine zu rosten.

7. **EINÖLEN**
Immer das Grillgut kurz vor dem Braten noch einölen, dann klebt es nicht am Rost. Der Grillrost muss dann nicht mehr geölt werden.

8. **KEIN ANSTECHEN**
Stechen Sie das Fleisch nie mit der Gabel oder einem Messer an. Dadurch tritt der Fleischsaft aus und Ihr Grillgut wird trocken und zäh.

9. INDIREKTES GRILLEN

Beim indirekten Grillen muss der Deckel geschlossen bleiben. Ständiges Öffnen lässt die Hitze entweichen, und der Garprozess wird unterbrochen. Haben Sie also Geduld. Als Hilfsmittel können Sie ein Bratenthermometer verwenden, so können Sie sich über den Garzustand Ihres Grillguts informieren.

10. ABDECKUNG

Decken Sie Ihren Grill nach dem Grillen immer mit einer wasserdichten und atmungsaktiven Abdeckhaube ab. Wenn Regenwasser sich mit den Kohleresten vermischt, bildet sich eine scharfe Säure, die den Grill schädigen kann.

Aufgepasst *Die Reifeprüfung für den Grillmeister:*

1. **SAUBER PARIEREN**
Fleisch vor dem Braten sauber parieren,
d. h. Sehnen und kleine Unregelmäßig-
keiten abschneiden.

2. **FETT NICHT WEG!**
Beim Rumpsteak das schmale Stück Fett-
schwarte einschneiden und mitbraten. Es
wird erst auf dem Teller entfernt (denn es
sorgt für einen guten Geschmack).

3. **NICHT SCHLAGEN!**
Steaks niemals klopfen oder panieren!

4. **GARZEITREGEL**
Die Dicke eines Steaks verändert die
Garzeit. Faustregel: Pro Zentimeter
Fleischdicke 1 Minute mehr oder weniger
braten.

10-mal alles Wichtige rund ums Steak.

5. **HEISS ZU BEGINN**
Hohe Anfangstemperaturen schließen die Poren des Fleischs; der Saft kann nicht austreten.

6. **MODERATE HITZE DANACH**
Weitergaren immer bei herabgesetzten Temperaturen, da das Steak sonst trocken wird und die Kruste verbrutzelt.

7. **DIE FINGERPROBE**
Auch berühmte Köche nehmen den Finger, um zu prüfen, ob das Steak den gewünschten Garzustand erreicht hat. Machen sie's also auch! Medium muss sich anfühlen wie ein Kinderball, wenn man draufdrückt: Die Delle kommt zurück.

8. **GARZEITEN PLANEN**
Wenn Sie mehrere Steaks mit unterschiedlicher Garzeit in einer Pfanne braten oder auf den Grill legen wollen, nehmen Sie zuerst die Mediumsteaks, das „rote" nach 2–3 Minuten. Beide Sorten sind dann zur gleichen Zeit fertig.

9. **SERVIERTIPP**
Steaks können als schnelle Mahlzeit auf Croûtons serviert werden. Dazu rösten Sie Toastbrotscheiben in Butter und bestreichen sie mit einer aufgeschnittenen Knoblauchzehe. Steak obenauf setzen und servieren!

10. **SANFT FERTIG GAREN**
Steaks können auch auf einem Gitterrost neben der Glut bei mittlerer Hitze fertig gegart werden, der Garungsprozess wird dadurch sanfter gegart.

Gut kombiniert *Und was gibt's dazu?*

1. GRILLKARTOFFELN

Ein besonderes Aroma bekommen Kartoffeln, die ungeschält in Alufolie gewickelt in der Glut garen durften. Verkohlte Schalenteile vor dem Verzehr entfernen und möglichst kleine Kartoffeln verwenden, die haben eine kürzere Garzeit.

2. KARTOFFELGRATIN

Wenn es nicht ganz so rustikal sein soll: Kartoffelgratin kommt aus dem Backofen in der Küche und ist eine extrafeine Beilage zu gegrillten Steaks oder Tournedos.

3. POMMES & POTATO WEDGES

Ganz frisch aus dem Backofen oder der Fritteuse und mit einem Hauch Salz schmecken die knusprigen Kartoffelstäbchen und -viertel am besten. Wer will, darf sie aber auch mit einer eigenen Würzmischung verfeinern.

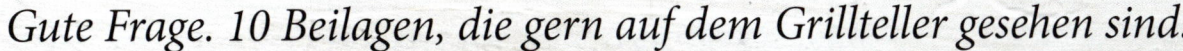

Gute Frage. 10 Beilagen, die gern auf dem Grillteller gesehen sind.

4. WEISSBROT & BUNS

Goldbraun angeröstetes Weißbrot oder türkisches Fladenbrot (Pide) schmeckt zu allen Grillgerichten. Zum Hamburger-Bauen gekaufte Burgerbrötchen (Buns) kurz auf der Schnittfläche anrösten und mit Salatblättern, Tomaten, Gurken, Zwiebeln, gegrilltem Fleischküchlein, Mayo und Ketchup bestücken.

5. SELBST GEMACHTES STOCKBROT

Brot am Stiel, daran haben nicht nur Kinder Freude! Ein Hefeteig, der sich gut vorbereiten lässt, wird zu Strängen ausgerollt und spiralförmig um lange Stangen, z. B. Bambus, gewickelt. Danach über die Glut halten, bis der Teig goldbraun gebacken ist. Dauert, aber schmeckt so herrlich, wie es duftet!

6. FRISCHE BREZEN

Liegen Spareribs oder Würstl auf der Glut, dürfen sie nicht fehlen: Frische Laugenbrezen sorgen für echtes Biergartenfeeling.

7. KRÄUTER-KNOBLAUCH-BAGUETTE

Egal, ob selbst gemacht oder fertig gekauft: Die würzige Weißbrotleckerei lässt sich entweder im Backofen vorbacken oder auch direkt auf dem Grill rösten.

8. GRILLGEMÜSE

Ob in Scheiben geschnitten, als Spieß, solo, in Alufolie verpackt oder in der Grillschale: Gemüse steht das Röstaroma vom Grill besonders gut. Geeignet sind z. B. Zucchini, Auberginen, Paprika, Pilze, Tomaten, Süßkartoffeln, aber auch Spargel, vorgegarte Maiskolben und in Speck gehüllte, blanchierte grüne Bohnen.

9. KRÄUTERBUTTER & CO.

Sie verfeinert Steaks, macht aber auch aus einfachem Röstbrot einen Gaumenschmeichler: mit Kräutern, Gewürzen, Knoblauch, Zitrusschalen, Senf, Parmesan oder Nusskernen aromatisierte Butter.

10. SÜSSSAUER EINGELEGTES

Die knackig-frische Würze von Mixed Pickles, Essiggurken, eingelegtem Kürbis, süßsaurer Paprika etc. kommt bei allen Grillfans gut an. Aus den Gläsern in kleine Schälchen umfüllen, damit alle beherzt zugreifen können.

Aufgelegt *Rind, Schwein, Lamm, Kalb, Geflügel,*

1. RINDERSTEAKS

Keine Angst vor zarten Stücken wie Rinderhüftsteaks – auch Point-Steak genannt – aus der Keule, wie Kluftsteaks, oder dem Hüftdeckel, auch: Top Butt Cap. Sie sind ruck, zuck fertig. Auf dem heißen Grill von beiden Seiten nur kurz braten, mit der Zange wenden, damit kein Saft austritt, und am Rand des Grillrosts etwas nachziehen lassen.

2. ROASTBEEF UND LENDE VOM RIND

Aus dem runden sowie dem flachen Roastbeef, das auch Lende heißt, werden Rumpsteaks, Entrecôtes, Clubsteaks und Sirloin-Steaks geschnitten. An den mächtigen T-Bone-, Porterhouse- und Rib-Eye-Steaks bleiben die Knochen dran.

3. FILETSTEAKS VOM RIND

Sie werden aus dem Filetstück des Rinds geschnitten und sind noch zarter als Steaks aus Hüfte, Keule oder Hüftdeckel. Als Chateaubriand, Tenderloin oder zu runden Tournedos gebunden, gehören sie zum Feinsten auf dem Grillteller.

die Fleischauswahl beim Grillen ist groß. Hier die 10 besten Fleischstücke.

4. KALBS- ODER SCHWEINEKOTELETT

Koteletts sind Scheiben aus dem Rippenstück (mit anliegendem Knochen), beim Schwein auch aus dem Nackenbereich (auch ohne Knochen). Kalbskoteletts mit Öl bestreichen, damit sie beim Grillen nicht austrocknen. Bei Schweinekoteletts auf gut marmoriertes Fleisch achten.

5. SPARERIBS

Rippchen nennt man in Deutschland das obere fleischarme Drittel des Schweinebauchs. In den USA gehören sie als Spareribs unbedingt zu einem echten Barbecue. Dort reibt man sie mit einer Gewürzmischung, dem „Rub", ein, lässt sie durchziehen, gart sie bei indirekter Hitze im geschlossenen Grill und glasiert sie mit Barbecue-Sauce.

6. SCHWEINEBAUCH

Gut mit Fett durchwachsen ist dieses Stück vom Schwein. Es kommt meist in Scheiben geschnitten pur, mariniert oder kräftig gewürzt auf den nicht zu heißen Grill, damit das Fett knusprig brät und nicht glibberig wird.

7. SCHWEINEFILET ODER -LENDE

Besonders mager, zart und saftig ist dieses Fleisch, das seinen Preis hat. Damit das edle Stück nicht austrocknet, nur kurz angrillen und schnell oder bei geringer Hitze fertig braten. Oder vor dem Grillen marinieren, dann bekommt es direkt feine Würze und einen Fettschutz mit.

8. HÄHNCHENKEULE, PUTENSCHENKEL, CHICKENWINGS

Sie gehören zu den Grillklassikern. Größere Teile werden oft auseinander- oder mehrmals eingeschnitten, damit die Hitze auch ganz bis ins Innere gelangen kann. Gewürze und Kräuter machen sie extra aromatisch. Bei nicht zu starker Hitze grillen, so kann das Fleisch gut durchgaren, ohne dass die Haut verkohlt.

9. HÄHNCHEN- ODER PUTENBRUST

Sie sind schnell gegrillt, können aber leicht trocken werden. Daher am besten marinieren, mit Speck umwickeln oder die Haut dranlassen. Auch fein: Brustfiletstücke mit Pesto oder Würzpaste füllen oder bestreichen und aufrollen.

10. LAMMKOTELETTS, -CHOPS ODER -STEAKS

Stielkoteletts werden aus einer Seite des Rückens geschnitten, die Chops aus dem ganzen Lammrücken. Prima zum Grillen eignen sich auch Lammrückenfilet und Steaks aus der Keule.

Das perlt *Mit Bier wird der Grillabend*

1. BIER PUR

Bier vom Fass ist ein Muss, das Anzapfen ein heiß geliebtes Ritual. Flaschenbier, gut gekühlt, findet ebenfalls seine Anhänger. Am besten eine Auswahl aus hellem oder dunklem Bier, Weißbier/Weizen, Altbier und Pils anbieten – für Autofahrer alkoholfreies Bier bereithalten. Für jede Menge Redestoff sorgen Biere – auch aus Getreide wie Emmer oder Dinkel gebraut – aus vielen unterschiedlichen regionalen Brauereien.

2. BIER PLUS

Radler oder Alsterwasser, also helles Bier mit Zitronenlimonade, löscht hauptsächlich durstige Frauenkehlen. Noch spritziger wird der Mix mit Weißbier, der in Bayern als „Russ" bekannt ist. Cola-Weizen, Berliner Weiße mit Schuss passen ebenfalls zu lauen Sommerabenden.

3. GLÜHBIER

Das Getränk der Stunde, wenn's ans Wintergrillen geht. Einige Brauereien bieten Glühbier in Flaschen abgefüllt in der kalten Jahreszeit an, es muss nur noch langsam erhitzt werden.

4. KINDER-BIER

Dem süßen Geschmack von Malzbier können Kinder kaum widerstehen. Beim Einkauf darauf achten, dass es wirklich alkoholfrei ist.

5. ALTBIERBOWLE

Bier trinken und süße Früchte löffeln? Eine Altbierbowle macht beides möglich. Dazu klein geschnittene, eingekochte Früchte (z.B. Erdbeeren, Pfirsiche und / oder Ananas) auf Gläser verteilen und mit gut gekühltem Altbier aufgießen.

6. BIERMARINADE

Damit werden Schweinenackensteaks, aber auch Putenmedaillons herrlich aromatisch: 1 Zwiebel und 2 Knoblauch-zehen schälen, in Ringe bzw. in Scheiben schneiden. Bier mit 2 TL Senf verrühren, Zwiebel und Knoblauch untermischen und die Fleischstücke darin mindestens 6 Stunden marinieren.

7. BIERSUPPE

Sie ist noch in vielen älteren Koch-büchern zu finden und war bis ins 19. Jh. hinein ein typisches Frühstück: die Biersuppe. Dazu wurde meist dunkles Bier mit altbackenem Brot und Kümmel gekocht, die Mischung durchgesiebt und mit Zucker und Salz gewürzt.

8. BIER-BRÖTCHEN

Sie entwickeln sich garantiert zum Hit des Grillabends: Der Brötchenteig wird mit Bier hergestellt und weist je nach verwen-deter Sorte ein ganz spezielles Aroma auf.

9. BIER-SENF

Malzaromatischen Biersenf bieten manche Brauereien sowie Delikatess-läden an. Harmoniert hervorragend mit Bratwürstchen, Cevapcici und deftigen Fleischsorten.

10. BIER-SABAYON

Für den süßen Bierabschluss: 4 Eigelbe und 1 ganzes Ei mit Puderzucker, 1 Prise Salz und etwas Zitronenschale verrühren. Mit hellem Weißbier oder Bockbier auf-gießen und über einem heißen Wasserbad zur schaumigen Sabayon aufschlagen. Schmeckt zu frischen Sommerfrüchten.

Praktisch *Mit dem richtigen Zubehör ist Grillen ein*

1. **GRILLANZÜNDER**
Feuer und Flamme fürs Outdoor-Ver-
gnügen? Dafür am besten mit Grill-An-
zündhilfen sorgen. Im Handel sind sie in
flüssiger Form zu haben, als Würfel oder
Riegel. Einfach auf die kalten Holzkohlen
oder Grillbriketts geben und anzünden.

2. **LANGES FEUERZEUG**
Damit man sich nicht die Finger verbrennt, das Feuer am besten mit Spe-
zialfeuerzeugen mit langem Zündrüssel
entfachen oder extra lange Grill-Kamin-
Zündhölzer verwenden.

3. **HOLZKOHLE
UND GRILLBRIKETTS**
Gibt's im Hochsommer zur Grillsaison
in jedem Super- und Baumarkt sowie an
vielen Tankstellen. Briketts haben eine
längere Glühdauer als Holzkohle, ideal,
wenn für viele Leute über längere Zeit
gegrillt wird.

4. **GRILLBESTECK**
Mithilfe von Zange, Wender und Gabel
lässt sich Gegrilltes am besten wenden.
Haben sie einen langen Griff, verbrennt
sich der Grillmeister dabei auch nicht.

5. **SPIESSE**
Metallspieße sind anders als Holzspieße
wiederverwendbar, aber auch etwas teurer.
Metallspieße vor Gebrauch einölen, Holzspieße wässern, sie verkohlen sonst leicht.

Kinderspiel. Hier die 10 wirklich Unverzichtbaren.

6. GRILLKÖRBE

Ganze Fische können leicht zerfallen, wenn man sie auf dem Grill wendet. Deshalb gibt es Grillkörbe (gut einölen), in die sie eingeklemmt werden. Beim Kauf die Größe des Grills beachten, damit die Körbe nicht überstehen.

7. ALUFOLIE UND -GRILLSCHALEN

Nicht alles, was gegrillt wird, verträgt direkte Hitze. Extrastarke Alufolie hält sie ab und bewahrt klein geschnittenes Grillgut davor, durch den Rost zu rutschen. Grillschalen mit Rillen sind überdies prima für sehr saftige und empfindliche Leckereien oder solche, die längere Zeit auf dem Rost zubringen.

8. GRILLHANDSCHUHE

Sie sind aus feuerhemmendem Material gemacht und bieten Schutz, wenn der Grillrost mal angehoben oder die Glut neu geschürt werden muss.

9. PINSEL FÜR MARINADE

Bewährt haben sich hitzefeste Silikonpinsel, um das Grillgut mit Marinade einzustreichen. Sie übertragen reichlich Würzsauce und verlieren keine Borsten. Für zusätzlichen Aromakick: Statt einen Pinsel einen Rosmarinzweig in die Marinade tauchen und Fisch, Fleisch oder Gemüsescheiben damit einpinseln.

10. GRILLREINIGER UND SPEZIALBÜRSTE

Nach dem Grillen ist vor dem Grillen: Den Rost in Wasser einweichen (über Nacht im feuchten Gras liegen lassen hilft auch) und mithilfe von Grillreinigungsspray und einer kräftigen Grillbürste gründlich reinigen.

Gebongt
Männer wollen Fleisch satt, keinen Salat?

1. KARTOFFELSALAT

Mutters Kartoffelsalat bleibt natürlich immer der beste und der einzig wahre. Aber Neugier macht mutig, weshalb auch mal eine andere der unzähligen Varianten getestet wird: ob mit oder ohne Mayonnaise, mediterran mit Paprika, Zucchini und Oliven, mit Frischekick durch Gurken- oder Apfelstückchen ...

2. NUDELSALAT

Liegt er jetzt auf Platz eins oder zwei in der Männergunst? Egal, ohne Nudelsalat ist das Grillen nur halb so schön. Auch dieser Männerliebling kann ganz unterschiedlich daherkommen, ist aber immer mindestend ebenso gern gesehen wie – schnell weg!

3. KRAUTSALAT/COLESLAW

So knackig, so würzig, so pikant und frisch: Krautsalat ist wie für einen sommerlichen Grillabend gemacht. Beim amerikanischen Barbecue darf Coleslaw aus fein geraspeltem Weißkohl, Möhren und einem Mayo-Dressing nie fehlen und gilt dort als Gericht für ganze Kerle – warum sollte es bei uns anders sein?

4. GURKENSALAT

Dafür lässt so mancher Mann sogar das Steak (kurzzeitig) links liegen, denn Gurkensalat scheint Suchtpotenzial zu haben. Liegt's am pikanten Dressing oder weil er so ungeheuer erfrischend ist?

5. TOMATENSALAT

Einfach und einfach gut. Ein paar sonnenreife Früchte, eine klein gewürfelte Zwiebel, Salz und Pfeffer. DAS mischt Mann sogar kurzerhand und heldenhaft selbst zusammen.

6. BOHNENSALAT

Salat aus grünen Bohnen kommt wahrscheinlich nie aus der Mode – ganze Männergenerationen scheinen ihre Liebe zu diesem Klassiker weiterzuvererben.

7. MAIS-KIDNEYBOHNEN-SALAT

Hier kommt kerniges Wildwest-Feeling auf vom Traum, mit den anderen harten Jungs nach dem anstrengenden Ritt durch die Prärie am Lagerfeuer zu hocken. Wie, es ist nur ein Salat? Nein, nein, es ist viel, viel mehr!

Weit gefehlt! An diesen 10 Salaten gehen auch Männer nicht vorbei.

8. LINSENSALAT

Linsen gehören ja eigentlich in die Suppe. Aber Mann muss auch mal was wagen, offen für Experimente sein. Also gut ... aha ... ungewöhnlich, aber nicht zu verachten, um nicht zu sagen „mmmh".

9. EIERSALAT

Bedarf diese himmlische Cremigkeit noch einer weiteren Erklärung?

10. GEMISCHTER BLATTSALAT

Je bunter, desto besser: Einmal quer durchs Salatbeet – das verspricht Abwechslung! Mit einem delikaten Dressing kurz vorm Essen gemischt ein Gedicht.

Aromaplus *Mit ihnen schmeckt's einfach noch mal*

1. **KETCHUP, HOT KETCHUP UND STEAKSAUCE**

Grillen ohne diese Extras? Einfach undenkbar! Im Handel in unzähligen Variationen zu haben, Basis sind meist Tomaten, Zwiebel, Kräuter. Lassen sich mit klein geschnittenen Früchten (z. B. Ananas) aufpeppen oder auch nachwürzen, etwa mit Curry- oder Chilipulver. Passen zu fast allem.

2. **MAYONNAISE UND REMOULADE**

Liegen ganz weit vorn in der Gunst der Grillfreunde. Es gibt sie fertig zu kaufen, sie können aber auch selbst angerührt werden. Zu aufwendig? Von wegen: Für eine Mayonnaise ein sehr frisches Ei mit ¼ l Distel- oder Sonnenblumenöl in einen Mixbecher geben. Nach Geschmack mit Salz, Pfeffer, Curry- und Chilipulver sowie einer zerdrückten Knoblauchzehe würzen. Mit dem Pürierstab cremig aufmixen – fertig.

so gut: 10 beliebte Saucen für vollen Grillgenuss.

3. KNOBLAUCHMAYO/AIOLI

Was für ein Duft! Die cremigen, knoblauch geschwängerten Grillsaucen sind der Hit zu allen Gemüse- und Fischgerichten, aber auch ein Rindersteak verträgt sich gut damit.

4. AJVAR

Der knoblauchsatte Paprikaklassiker vom Balkan gibt Hackbällchen den letzten Schliff. Schmeckt auch prima zu gegrillten Kartoffeln, deftigen Fleisch- und Fischspießchen.

5. TSATSIKI

Griechenlands Geschenk an die Grillwelt: Am besten immer eine Riesenportion der Quark-Gurken-Knoblauch-Creme bereithalten – denn davon scheint niemand je genug zu kriegen. Harmoniert bestens mit Gemüse- und Fleischgerichten, Röst- oder Stockbrot.

6. MANGO-CHUTNEY

Der Neuling auf dem Grillteller, der mit seiner süßpikanten Würze alle schnell überzeugt – vor allem Chickenwings-Freunde.

7. TOMATEN-PAPRIKA-SALSA

Feinsäuerlich und sommerlich frisch kommt dieser Mix daher. Das gewisse Etwas verdankt er einem guten Schuss Essig.

8. OLIVENTAPENADE

Tiefschwarz und ein wenig herb – die südfranzösische Paste veredelt feine Fisch- und Geflügelfilets sowie Sommergemüse vom Grill.

9. CHILI-DIP, ASIA-DIP

Wie wäre es mit einem Hauch von Exotik? Das Asia-Regal im Supermarkt hält eine große Auswahl an Saucen bereit mit Nuancen von fruchtig-scharf bis süßsauer.

10. KRÄUTER-SCHMAND

Der schnellste Dip der Welt: Kräuter der Wahl fein hacken, mit etwas Zitronensaft unter den Schmand rühren, mit Salz und Pfeffer abschmecken, fertig. Grillkartoffeln, -fleisch und -fisch sagen danke!

Durchgeglüht *ER macht das schon. SIE kann das eh nicht.*

1. **GRILLEN IST EINE MÄNNERBASTION:**
Der Mann grillt, die Frau isst (und bereitet vor). Tatsächlich sind es in den meisten Familien die Männer, die am Grill stehen. Aber ist das nicht ganz natürlich, denn schließlich heißt es ja auch DER Grill und DIE Küche?

2. **FRAU AM HERD – GOLDES WERT.**
Frau am Grill – niemand will! Denn: Grillen ist schließlich was Besonderes und damit was ganz anderes als Kochen.

3. **FEURIGE SPIELE**
Frauen überlassen einen Grill freiwillig jedem Mann, denn sie haben Angst vor dem Feuer. Doch Vorsicht: Frauen spielen gelegentlich gerne mit dem Feuer …

4. **IN JEDEM MANN STECKT EIN KIND –**
und ein Pyromane. Der zündelt gerne und liebt großes Feuer. Wenn's dann allerdings brenzlig wird, muss ein anderer löschen!

5. **VERSCHWORENE GEMEINSCHAFT**
Männer bleiben beim Grillen lieber unter sich. Kein Wunder: Dann meckert keiner über verkohltes Fleisch, angebrannte Würste oder das fünfte Bier …

10 hartnäckige Vorurteile – oder am Ende doch wahr?

6. „SCHÄTZCHEN, DAS KANNST DU NICHT!"

Männer können's einfach besser, glauben sie. Fakt ist: Im Finale des Wettbewerbs „Grill-Giganten 2012" besiegte die sechsköpfige Frauenmannschaft das Nationalteam der Männer.

7. AM GRILLEN SOLLT IHR SIE ERKENNEN!

Grill-Motto der Männer: Viel Rauch um nichts! Grill-Motto der Frauen: In der Ruhe liegt die Kraft!

8. SCHÜRZEN

… sind generell nur was für Frauen und Weicheier. Außer es handelt sich um solche aus Leder, mit Gürtel fürs Grillwerkzeug – die trägt nämlich nur der echte Mann.

9. GESCHMACKSENTWICKLUNG

Männer lassen nur Fleisch auf den Grill, Frauen am liebsten alles außer Fleisch (also Fisch, Meeresfrüchte, Gemüse oder Käse). Wär doch gelacht, wenn sie es dem Herrn der Schöpfung nicht irgendwie doch noch schmackhaft machen könnten.

10. UND TSCHÜSS!

Wenn's ums Aufräumen nach dem Grillen geht, sind Männer schnell verschwunden. Okay, die Kohle „entsorgen" sie ja anderweitig, darin haben sie Übung.

Aufgekünstelt *Grillen macht Spaß – und*

1. **MEAT-ART**
Kleid statt Grillteller: Als „erstaunliches Kunstwerk" wurde das Outfit von Lady Gaga bezeichnet, die sich bei den MTV Video Music Awards in Los Angeles in ein Dress aus Steaks gehüllt hatte. Die Grillfleisch-Robe ist gut konserviert im Museum der Rock and Roll Hall of Fame in Cleveland, Ohio (USA), ausgestellt.

2. **KUNST ALS GRILL**
Was sie eint, ist ihr Name: Künstler mit dem Nachnamen Grill findet man am Theater ebenso wie in der Bildhauerei, Musik oder Malerei, wie z. B. den Österreicher Oswald Grill (1878–1964), der wunderbare Landschaften auf die Leinwand zauberte – wenn auch ganz ohne Grill.

3. **EINE ALTE KUNST**
Dass Grillen eine lange Tradition auch in anderen Kulturen hat, lässt sich hier erahnen: In dem Ende des 16. Jh. erschienenen Buch „Brevis narratio corum quae in Florida Americai provincia Gallis acciderunt" von Theodore de Bry (1528–1598) findet sich die Abbildung des kolorierten Kupferstich „How to grill animals". Er wurde gefertigt nach dem gleichnamigen Bild von Jacques le Moyne de Morgues (1533–1588), der mehrere Expeditionen in die Neue Welt begleitete.

inspiriert! 10-mal Kunst – es muss ja nicht immer gleich ganz große sein…

4. **UNTERHALTUNGSKUNST:**
Als Vorabendprogramm waren sie der Renner in den 1970er- und 1980er-Jahren: Die „Drei Damen vom Grill" mit Brigitte Mira, Brigitte Grothum, Gabriele Schramm, Günter Pfitzmann und später Harald Juhnke in den Hauptrollen wurden erst nach 140 Folgen eingestellt.

5. **KÜNSTLER AM GRILL**
Gutes tun am Grill: Der Schauspieler Paul Newman kocht Barbecue-Sauce, Marinaden zum Grillen oder auch für Salate und einen ganzen Haufen andere Sachen (Newman's Own BBQ Sauce und Marinades). Alle Profite daraus gehen nach Steuern an Charity-Projekte.

6. **POP-ART**
Kunst im öffentlichen Raum oder Freizeitgag? Die als „BBQ-Donuts" titulierten knallorangen Grillinseln findet man mittlerweile in mehreren deutschen Städten, z.B. in Kiel oder Limburg/Lahn. Die kreisrunden Boote vereinen Grill- und Badespaß auf poppige Art.

7. **KUNST AM FLEISCH**
Nach dem Motto: Ich grill dir ein Gedicht. Oder: Ein kurzes Wort am rechten Ort muss reichen. Wie das geht? Am besten als Grill-Tattoo mit einem Grillbrandeisen: Einfach die Buchstaben setzen, das Eisen aufheizen und die Worte ins Fleisch brennen.

8. **FILMKUNST**
Hier geht es um ein sehr spezielles Barbecue: Im US-amerikanischen Spielfilm „Grüne Tomaten" landet ein gewalttätiger Exehemann auf dem Grill des Whistle Stop Café. Oder doch nicht?

9. **LIED-KUNST**
Wer seine Grillabenteuer musikalisch untermalen möchte, findet mit „Bernd am Grill" (2007 bei Nova Media) oder mit „Der Mann am Grill" (2008 bei MCP Sound & Media GmbH) das passende Liedgut. Noch nicht genug? Wie wäre es dann mit einer ganzen Sammlung, z.B. „Suchmetall presents Grill Hits" …?

10. **SCHROTT-KUNST**
Hier kommt sogar der Grill unter die Haube: Grill-Cars sind alte Autos, die von Künstlerhand umfunktioniert wurden. Sie bieten jede Menge Platz für Würstchen, Steaks & Co.

ERDE

Nah dran an der Natur – nah dran am Menschen. Genießen, was wir ernten, wenn wir auf dem Boden bleiben.

Frühling rustikal mit Feuerkontakt. Saftig,
zart-bitter, sacht-scharf, natürlich abgerundet.
Liebe auf den ersten Biss? Keine Frage!

Gegrillter Spargel auf Rucola
mit Radicchio

Zutaten für 4 Personen
2 Bund grüner Spargel (etwa 150 g)
1 Bund Rucola
2 EL Olivenöl
1 kleine Zwiebel, klein geschnitten
2 Radicchios
Zitronensaft
Salz, Pfeffer aus der Mühle
je ½ rote und gelbe Paprika, in feine Würfel geschnitten
etwas Schnittlauch, fein geschnitten

Grillzeit
nach Augenschein

Zubereitung
Vom Spargel die Enden etwa 1 cm abschneiden. Den Rucola waschen,
trocken schütteln und auf einem Teller verteilen. Den Spargel in einer
rechteckigen Schüssel kurz mit dem Öl und den Zwiebeln vermischen,
dann auf den Grill legen. Von allen Seiten garen, dabei nicht zu dunkel
werden lassen. Nach Geschmack bissfest oder weich grillen.
Den Radicchio waschen und kurz nach dem Spargel auf den Grill legen.
Alles zusammen gar grillen.
Die beiden Radicchios auf dem Rucola anrichten. Den Spargel in Stücke
schneiden und nochmals in der Schüssel mit dem Öl und den Zwiebeln
durchmischen. Mit Zitronensaft, Salz und Pfeffer abschmecken. Den
Spargel mit den Paprikawürfeln auf dem Rucola verteilen und mit etwas
Ölmarinade beträufeln. Mit Schnittlauch garniert servieren.
Dazu passen gegrillte Puten- oder Hähnchenstreifen.

Unwiderstehlich aromatisch und überraschend
einfach, *BBQ-Star zum Verlieben,* Glück
in vielen kleinen Häppchen, unschlagbar gut.

Meine Lieblings-
Chickenwings-Marinade

Zutaten für 1 kg Chickenwings (etwa 4 Personen)
2 EL Ketchup
2 EL Sojasauce
1 EL Hoisinsauce
1 TL Tom-Yum-Paste
1 rote Chilischote, mittelscharf, gehackt
1 Stängel Koriander, fein gehackt
1 EL Knoblauch, fein geschnitten
1 EL Ingwer, fein geschnitten
1 EL Zucker

Grillzeit
nach Augenschein

Zubereitung
Die Hähnchenflügel küchenfertig vorbereiten und so lange grillen,
bis das Fleisch fast vom Knochen fällt. In der Zwischenzeit die restlichen
Saucen und Gewürze zu einer Marinade verrühren und in einem Topf erhitzen. Wenn die Chickenwings gar sind, vom Grill nehmen und in einer
großen Schüssel oder Form mit der Marinade gut vermischen und sofort
servieren.

Dampfende Wohlfühlterrine, Leib und Seele wärmen,
Kraft tanken. Kuschelgefühl, nostalgische Zeitreise
in die Tiefen des Herbstwaldes.

Tafelspitzbrühe mit gegrillter Steinpilzeinlage und Petersilie

Zutaten für 4 Personen

1 Karotte

1 Petersilienwurzel

2 Stangen Staudensellerie

2 Stangen Frühlingslauch

3 Steinpilze (in der Größe von Champagnerkorken)

1 l Brühe vom Tafelspitz oder andere Rindfleischbrühe

Salz

Pfeffer aus der Mühle

Blattpetersilie, gehackt

1 EL Olivenöl, zum Einpinseln der Steinpilze

Grillzeit

etwa 3 Minuten

Zubereitung

Die Karotte sowie die Petersilienwurzel putzen und schälen. Den Staudensellerie und den Lauch putzen. Die Pilze vorsichtig säubern und putzen. Die Brühe in einem Topf erhitzen. Die Gemüseabschnitte und Pilzreste in die Brühe geben und alles etwa 20 Minuten köcheln. Das Gemüse in dünne Streifen schneiden und beiseitestellen. Die Steinpilze in Scheiben schneiden.

Die Brühe nur mit Salz und Pfeffer abschmecken. Nach Belieben etwas Petersilie dazugeben.

Die Pilzscheiben leicht mit Öl bepinseln und kurz auf den heißen Grill legen. In der Zwischenzeit die Suppe durch ein Sieb abgießen. Die Gemüsestreifen in die heiße Suppe geben und darin kurz ziehen lassen. Die Suppe mit dem Gemüse auf Suppentassen verteilen und die Pilze dazugeben. Mit etwas Petersilie garniert servieren.

Gegrilltes Clubsandwich mit Geflügelspeck und Ei

Zutaten für 4 Personen

4 Scheiben Tramezzini-Brot
2 Eier
1 EL frische Kräuter, gehackt (z. B. Petersilie, Schnittlauch)
1 Avocado
8 Scheiben Speck
2 Hühnerbrustfilets
2 EL Mayonnaise
1 Tomate
1 Kopfsalat, in Streifen geschnittten

Grillzeit

etwa 15 Minuten

Zubereitung

Das Tramezzini-Brot von einer Seite leicht grillen, mit der gegrillten Seite auf ein Tuch legen, dann kann man es später besser rollen.
Aus den Eiern Rührei zubereiten und die Kräuter unterrühren. Die Avocado schälen, halbieren und den Kern entfernen. Das Fruchtfleisch in Scheiben schneiden. Den Speck knusprig grillen. Die Hühnerbrustfilets ebenso auf den Grill legen und von allen Seiten gut durchgrillen.
Die gegrillten Seiten der Brote mit Mayonnaise bestreichen. Darauf die Avocadoscheiben und das Rührei verteilen. Die Tomate waschen und in Scheiben schneiden. Die Brote mit Tomatenscheiben belegen. Die Hühnerbrust ebenfalls in Scheiben schneiden, zusammen mit dem Speck auf die Brote geben. Zum Schluss mit Salatstreifen belegen.
Die Brote so belegen, dass das Brot noch aufgerollt werden kann.
Nun das Tuch an einem Ende anheben und jede Brotscheibe aufrollen und leicht festdrücken. Die fertigen Rollen fest in Frischhaltefolie einwickeln, die Enden wie ein Bonbon zusammendrehen und etwa 10 Minuten stehen lassen. Dann die Sandwichrollen aus der Folie nehmen und auf den Grill legen. Rundum bei mäßiger Hitze grillen und vor dem Servieren halbieren.

Profiliga

Werden die Sandwiches kleiner geschnitten, sind sie hervorragende Snacks vor dem eigentlichen Grillen, denn sie lassen sich sehr gut vorbereiten.

Üppigkeit auf engstem Raum,
pralles Entzücken in mehreren Lagen,
saucetriefend und salatblattknackig.
Zubeißen unbedingt erwünscht.

Gefüllte Weinblätter mit Pflaumen und Haselnüssen

Zutaten für 8 Stück
8 Weinblätter

Für die Pflaumenfüllung:
200 g Pflaumen
1 Msp. Nelkenpulver
20 g brauner Zucker
40 ml Pflaumenbrand

Für die Käsefüllung:
200 g Schafsfrischkäse
150 g frische junge Haselnusskerne
50 g Kürbiskerne
1 Msp. Kardamom
4 Salbeiblätter

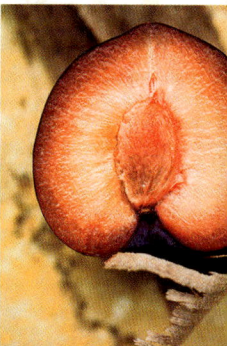

Zubereitungszeit
Marinieren: 1 Stunde
Grillen: 15 Minuten

Zubereitung
Die Pflaumen waschen, entkernen und halbieren. Dann Nelkenpulver, Zucker und Pflaumenbrand in eine Schüssel geben und vermischen. Die Früchte darin 1 Stunde marinieren.
Die Haselnuss- und Kürbiskerne hacken und mit Kardamom vermischen. Die Salbeiblätter klein zupfen und dazugeben. Die Weinblätter nebeneinanderlegen. Den Käse in 8 Würfel schneiden und in der Nuss-Kräuter-Mischung wenden. Nicht salzen, da der Käse schon sehr salzig ist.
Die ummantelten Käsewürfel auf die Weinblätter verteilen. Die Blätter zu kleinen Paketen falten, mit Zahnstocher befestigen und an der Seite des Grills bei nicht zu starker Hitze von allen Seiten grillen. Die Pflaumen aus der Marinade nehmen und zu den Käsepäckchen auf den Grill legen. Alles zusammen etwa 10 Minuten auf dem Grill lassen und sofort verzehren.

SMALL TALK
„In den USA kennen sie zig Räuchergrillvarianten, das haben wir auch schon mal probiert. Räucherchips, Apfelholz und Hickory mit etwas Whiskey getränkt sind super."

*Erdverbunden in der
Weite des Raumes
SCHÄTZE suchen –
ein gutes Leben, das
man schmecken kann.*

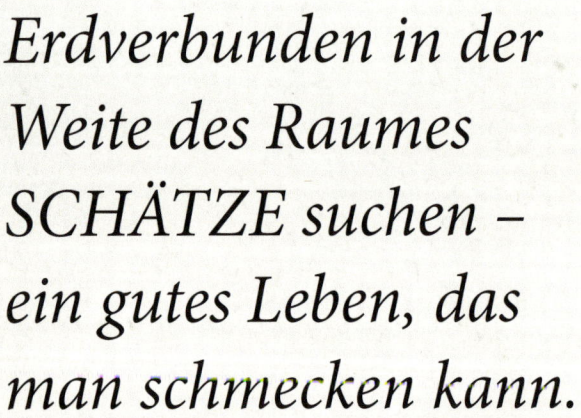

Sommerbrise, unbeschwert im Freien sitzen,
die ganz und gar erträgliche Leichtigkeit des Seins,
ein Reigen voller Erdenköstlichkeiten.

Gegrillte Truthahn-Zucchini-Roulade mit Sesam und Kräutern

Zutaten für 4 Personen

4 Truthahnscheiben, von der Brust
2 Zucchini
Salz
Pfeffer aus der Mühle
Kräuter, gehackt (z. B. Koriander, Petersilie, Schnittlauch)
100 g Sesam, weiß oder schwarz

Grillzeit
etwa 10 Minuten

Zubereitung
Die Truthahnscheiben zwischen zwei Frischhaltefolien sehr dünn plattieren. Die Zucchini in dünne Scheiben schneiden und kurz für etwa 1 Minute auf dem Grill weich werden lassen, damit sie Geschmack bekommen. Das Fleisch auf der Alufolie mit Salz und Pfeffer würzen, dann die Zucchini darauflegen und die Kräuter darüberstreuen. Jetzt vorsichtig zusammenrollen, sodass die Folie außen ist. Die Folie an den Enden einschlagen und rechts und links zusammendrehen. Die Rollen auf dem Grill etwa 8 Minuten garen, aus der Folie nehmen, mit dem ausgetretenen Saft bepinseln und in dem Sesam wälzen. Dann noch einmal kurz auf den Grill geben.

Profiliga
Diese Roulade schmeckt zu Salat ebenso wie mit
einem Dip.

Kartoffel-Lauch-Puffer vom Grill mit Anchoviscreme

Zutaten für 4 Personen
Für die Puffer:
100 g Lauch
600 g rohe Kartoffeln
2 Eier
1 TL Backpulver
Salz
Pfeffer aus der Mühle
Pflanzenöl

Für die Sauce:
200 ml Crème fraîche
1 EL Anchovispaste oder Sardellenfilet, fein gehackt
1 Bund Kräuter, fein gehackt (z. B. Schnittlauch, Dill, Kerbel)
Zitronensaft

Grillzeit
2–3 Minuten

Zubereitung
Den Lauch waschen und fein raspeln oder hacken. Die Kartoffeln schälen und fein reiben. Lauch und Kartoffeln mischen und die Flüssigkeit gut herauspressen. Eier in einer Schüssel verquirlen und mit der Kartoffel-Lauch-Mischung vermengen. Backpulver, Salz und Pfeffer dazugeben, alles verrühren und ziehen lassen. Vor dem Braten nochmals die Flüssigkeit herauspressen. Nun etwas Öl auf die Grillplatte träufeln und einen Löffel Teig auf das heiße Fett geben und die Masse leicht flach drücken, sodass die Puffer etwa 6–10 cm Durchmesser haben. Dann die Hitze reduzieren und die Puffer auf beiden Seiten etwa 2–3 Minuten goldgelb braten. Von der Grillplatte nehmen und auf Küchenpapier abtropfen lassen.
Für die Sauce 200 ml Crème fraîche, die Anchovispaste und die Kräuter verrühren. Einige Kräuter für die Garnitur beiseitelegen. Die Sauce mit Zitronensaft abschmecken. Nach Belieben mit Salz und Pfeffer würzen, wobei die Anchovispaste an sich bereits sehr salzig ist und zusätzliches Salzen unnötig macht.
Die Sauce auf den Tellern verteilen, mit den restlichen Kräutern bestreuen und die Kartoffelpuffer darauf anrichten.

Profiliga
Die Kartoffel-Lauch-Puffer gelingen am besten, wenn Sie sie auf einer Pizzaplatte grillen.

Glänzende Poularden-Frikadellen mit fruchtigem Krautsalat

Zutaten für 4 Personen

Für die Frikadellen:
1 kg Poularden-Hackfleisch
3 TL Erdnussbutter
etwas weißer Sesam, leicht geröstet und zerstoßen
2 EL Sesamöl, von geröstetem Sesam
1 Bund Koriander, gehackt
1 Bund Frühlingszwiebeln oder Schnittlauch
4–5 EL helle Sojasauce
4 EL Zitronengras, gehackt
1 EL Chili, gehackt
2 EL süße Chilisauce
1–2 EL Backpulver
5 EL Ingwer und Knoblauch, gemischt und fein gehackt
2 TL Zucker
4 EL Semmelbrösel

Für den Krautsalat:
1 Kopf Weißkraut
Salz
1 TL Zucker
1 mittelgroße Ananas oder 2 Mangos, nicht zu reif
Saft von 3 Orangen
2–3 El Pflanzenöl
Sojasauce (nach Belieben)

Grillzeit
2 Minuten je Frikadelle

Zubereitung

Das Hackfleisch mit allen anderen Zutaten gut vermischen und darauf achten, dass die Aromen sich gut mit dem Fleisch verbinden. Die Hackfleischmasse etwas ziehen lassen, dann daraus 20–30 g schwere Frikadellen formen. Die Frikadellen auf der Grillplatte bei mittlerer Hitze kurz braten, dabei mehrmals wenden und die Frikadellen so glacieren.
Für den Krautsalat das Kraut putzen und mit einem scharfen Messer fein schneiden. Mit etwas Salz und Zucker würzen und mit beiden Händen gut vermischen. Das Kraut dabei etwas kneten, damit es weich wird. Die Früchte schälen und das Fruchtfleisch in kleine Würfel schneiden. Die Fruchtwürfel und den Orangensaft unter das Kraut mischen. Das Öl dazugeben und den Krautsalat etwa 1 Stunde stehen lassen. Nach Belieben mit etwas Sojasauce abschmecken. Die Frikadellen mit dem Krautsalat auf Tellern anrichten und mit einigen Salatblättern garnieren.

Profiliga
Wenn Sie kleinere Frikadellen formen, eignen sie sich hervorragend als Fingerfood.

Vielfalt unter edler Glasur, unvergleichliches
Aroma-Potpourri, *von zitronengrasfrisch bis
sesamnussig,* mit fruchtig-knackigem Begleiter.

Ein Trio, das durchs Feuer geht,
wagemutiges Miteinander von Wald- und Erdtönen.
Der Lohn: aromapralle Entfaltung, ausgefeilt kombiniert.

Perlhuhnbrust auf gegrilltem Pilzsalat mit Zwiebeln

Zutaten für 4 Personen
4 Perlhuhnbrustfilets
2 rote Zwiebeln
400 g gemischte Pilze (je nach Saison)
2 EL Kürbiskerne, geröstet
60 ml Balsamicoessig
40 ml Kürbiskernöl
40 ml Olivenöl
2 Zweige Rosmarin
1 EL Honig
Salz
Pfeffer aus der Mühle

Grillzeit
etwa 25 Minuten

Zubereitung
Die Perlhuhnbrustfilets bei Bedarf von Fett und Sehnen befreien. Die Zwiebeln schälen, halbieren und gleich auf den Grill legen, damit sie langsam gar grillen. Das Perlhuhnfleisch ebenfalls etwa 20 Minuten auf den Grill legen, dabei einmal wenden. In der Zwischenzeit die Pilze säubern und putzen.
In einer Schüssel für das Salatdressing die Kürbiskerne, Balsamicoessig, Kürbiskern- sowie Olivenöl vermischen. Die Pilze auf den Grill legen, kurz bevor das Geflügel fertig ist, und einige Minuten grillen. Die Rosmarinzweige 1–2 Minuten mitgrillen.
Die Zwiebeln klein schneiden und noch warm in das Salatdressing geben. Die Rosmarinnadeln abzupfen und mit den fertig gegrillten Pilzen dazugeben, anschließend alles gut mischen. Mit Honig, Salz und Pfeffer abschmecken.
Den Pilzsalat auf einem Teller anrichten und die gegrillte Perlhuhnbrust, in Scheiben geschnitten, darauf anrichten.

Profiliga
Wer nicht so viel Zeit investieren möchte, kann die Zwiebeln vor dem Grillen auch kurz in Brühe oder Wasser blanchieren.

Gegrillte Entenbrust mit Garnelen und Wildkräutersalat

Zutaten für 4 Personen
12 rohe Garnelen (mit Schale)
2 Entenbrustfilets (falls möglich, kleinere weibliche Entenbrust nehmen)
Fleur de Sel
Pfeffer
etwas Olivenöl

Für den Wildkräutersalat:
200 g Wildkräuter
½ Bund Schnittlauch
½ Bund Basilikum
½ Bund Minze
3 EL Pflanzenöl
3 EL Limettensaft

Zubereitungszeit:
Grillen: 5 Minuten
Ruhen: 5 Minuten

Zubereitung
Wildkräuter waschen und in einer Schüssel mischen. Die Kräuter hacken.
Aus dem Pflanzenöl, dem Limettensaft und den Kräutern eine Salatsauce zubereiten.
Danach die Garnelen mit der Schale längs durchschneiden, aber so, dass Sie am Schwanzende noch zusammen sind. Dann den Darm entfernen.
Die Entenbrust von Fett befreien, mit Fleur de Sel und Pfeffer würzen und auf dem Grill von beiden Seiten scharf anbraten. Anschließend das Fleisch an die Seite des Grills legen und bei niedriger Hitze etwa 5 Minuten ziehen lassen.
Inzwischen die Garnelen mit Fleur de Sel salzen, leicht einölen und auf den Grill legen und etwa 3-4 Minuten garen.
Den Salat mit der Sauce marinieren. Anschließend die Entenbrust in Scheiben schneiden und zusammen mit den Garnelen und dem Wildkräutersalat anrichten.

Profiliga
Damit die Entenbrust besonders zart wird, sollte
Sie sie einmal um 180 Grad wenden, bevor Sie sie
vom Feuer nehmen.

SMALL TALK
*„Mein kleines Glutgeheimnis: Ich streue Walnuss-
schalen auf die heiße Kohle, deshalb duftet's so gut."*

Nur wenig tun – aber richtig!
Der Luxus der Zurückhaltung, orientalische Kostbarkeiten –
göttlich unkompliziert.

Gegrillter Kaninchenrücken mit Datteln an orientalischem Couscous mit Pesto

Zutaten für 4 Personen
1 kg Kaninchenrücken mit Knochen
Salz, Pfeffer aus der Mühle
200 g Couscous
500 ml Gemüse- oder Hühnerbrühe
1 Bund Frühlingszwiebeln
4–6 Datteln, in Streifen geschnitten
1 Msp. Zimt, Zitronensaft
2 EL Pesto
2 Zucchini, in Würfel geschnitten
1 Stängel Basilikum

Grillzeit
etwa 10 Minuten

Zubereitung
Den Kaninchenrücken beim Metzger von allen Sehnen und Fett befreien lassen. Das Fleisch mit Salz und Pfeffer würzen und auf dem Grill bei nicht zu großer Hitze etwa 10 Minuten von allen Seiten goldgelb anbraten. Anschließend das Fleisch an den Rand des Grills legen und bei mittlerer Hitze ruhen lassen. In der Zwischenzeit die Frühlingszwiebeln putzen, waschen und fein schneiden. Den Couscous mit heißer Brühe übergießen, die Frühlingszwiebeln dazugeben. Mit Salz und Pfeffer würzen und die Datteln unterheben, nach Belieben mit Zimt und Zitronensaft abschmecken. Den Couscous 10–15 Minuten gar ziehen lassen, dann das Pesto einrühren. Die Zucchiniwürfel erst kurz vor dem Anrichten untermischen, damit sie ihre frische Farbe behalten.
Das Fleisch des Kaninchenrückens von den Knochen lösen und aufschneiden. Den Couscous auf Teller verteilen, das Fleisch darauf anrichten. Mit Basilikum garnieren und servieren.

Himmel und Erde und fröhliches Geschnatter. GLÜCK auf zwei Beinen als Basis für QUALITÄT.

Leises Flaschenklirren, Plaudern und Genießen,
ein Hoch auf grillzangenschwingende BBQ-Helden
und herzhaft-deftige Knabberfreuden!

Gegrillte Mini-Spareribs mit pikanter Marinade

Zutaten für 4 Personen
1,5 kg Spareribs (Schweinerippen)
2 Bund Frühlingszwiebeln
Ingwer (nach Belieben)
4 Knoblauchzehen
2 Chilischoten, grob gehackt
250 ml helle Sojasauce
1 EL Sesamöl
200 ml Wasser
2 TL brauner Zucker
2 EL Sambal Oelek

Zubereitungszeit
Marinieren: 10 Stunden
Grillen: 3–5 Stunden

Zubereitung
Die Rippchen vom Metzger zerteilen lassen (immer nach einem Knochen)
oder im Ganzen grillen und anschließend schneiden. Die Frühlingszwiebeln putzen und waschen. Den weißen Teil der Zwiebeln fein reiben und
die Rippchen damit einreiben. Den Ingwer reiben, den Knoblauch durch
die Knoblauchpresse drücken. Den grünen Teil der Frühlingszwiebeln
fein schneiden. Ingwer, Knoblauch und den grünen Teil der Frühlingszwiebeln, Chilis, Sojasauce, Semsamöl, Wasser, Zucker und Sambal Oelek
in einer Schüssel zu einer Marinade mischen.
Die Rippchen darin mindestens 10 Stunden marinieren.
Vor dem Grillen Reste der Marinade von den Rippchen leicht abstreifen,
dann die Rippchen zunächst bei niedriger Hitze am Rand des Grills 3 bis
5 Stunden grillen. Achtung: Die Rippchen nicht bei direkter Hitze grillen,
da sonst der Zucker in der Marinade anbrennt. Sind die Rippchen gar und
weich, diese in die Mitte des Grills schieben und bei hoher Hitze bräunen.
Dabei mit der restlichen Marinade bestreichen.

Profiliga
Die Rippchen werden noch besser, wenn man sie
vor dem Grillen etwa 15 Minuten in kochende
Brühe legt.

Feurige Liebkosung, heiß und schnell,
rosig-zarte Fülle auf frisch-knackigem Rot, Grün, Weiß,
in knuspriger Hülle – pikantes Gedicht aus der Hand.

Der Rösle-Grillburger

Zutaten für 4 Personen
Für den Burger:
600 g mageres Rinderhackfleisch
Salz
Pfeffer aus der Mühle
4 Burgerbrötchen

Für den Belag:
2 Tomaten
½ Salatgurke
1 Essiggurke
1 große Zwiebel
1 Frühlingszwiebel
gemischte Salatblätter
Mayonnaise
Senf
Ketchup

Grillzeit
nach Augenschein

Zubereitung
Das Hackfleisch mit Salz und Pfeffer würzen und gut vermischen. Daraus 4 Burger formen und auf der Grillplatte langsam bei mittlerer Hitze angrillen. Dann wenden und nach Belieben medium oder durch grillen. In der Zwischenzeit die Brötchen halbieren und auf dem Grill von beiden Seiten toasten und warm stellen.
Die Tomate und die Salatgurke waschen und mit der Essiggurke in Scheiben schneiden. Die Zwiebel schälen und in Ringe schneiden. Die Frühlingszwiebel waschen und in Stücke teilen.
Wenn die Burger fertig gegrillt sind, den unteren Brötchenteil auf Teller legen und nach Geschmack mit Salatblättern, Tomaten, Salat- und Essiggurken sowie Frühlingszwiebeln und Zwiebelringen belegen. Den gegrillten Burger daraufsetzen und mit dem angewärmten Brotdeckel servieren. Mayonnaise, Senf und Ketchup dazu reichen.

Profiliga
Der Rösle-Grillburger wird noch leckerer, wenn Sie Wagyu-Rind nehmen. Das Fleisch dieser Rinder ist besonders gut durchwachsen und sehr schmackhaft.

Leises Zischen, ein erstes feuriges Zusammentreffen,
ganz kurz nur, doch sehr innig. Liebe auf den ersten Biss,
delikat verführerisch.

Gebranntes Rindertatar
mit Birne und Sesam

Zutaten für 4 Personen
400 g Rindertatar
2 EL heller Sesam
2 Frühlingszwiebeln, fein geschnitten
2 Eier
2 EL Chilisauce
1 Birne
Salz
Pfeffer
Chilipulver
½ Nektarine
Rucola oder Radicchio zum Garnieren

Grillzeit
2 Minuten pro Frikadelle

Zubereitung
Das Tatar in die Schüssel geben und mit einer Gabel locker zerpflücken.
Den Sesam in einer Pfanne ohne Fett anrösten und mit Frühlings-
zwiebeln, Eier und Chilisauce gründlich vermischen.
Die Birne schälen und in die Tatarmasse reiben. Alles mit Salz, Pfeffer und
Chili abschmecken.
Die Nektarine fein würfeln und unter die fertig Tatarmasse mischen. Aus
der Masse Frikadellen formen und diese kurz auf dem sehr heißen Grill
bei hoher Hitze von beiden Seiten nur jeweils 1 Minute grillen.
Mit Rucola oder Radicchio garniert servieren.

Profiliga
Das Fleisch beim Metzger durch den Fleischwolf
drehen lassen und anschließend leicht zuckern.
Dadurch erhält das Fleisch eine schönere Farbe.

Die NATUR spüren und durch HANDWERK gekonnt veredeln, damit GUTES GUT bleibt.

Entrecôte vom Grill
mit klassischer Sauce béarnaise

Zutaten für 4 Personen
4 Entrecôte-Steaks (je etwa 180 g)

Für die Kartoffeln und die Bohnen:
4 große festkochende Kartoffeln
Salz
Kümmelsamen
400 g grüne Bohnen
100 g durchwachsener Speck

Für die Sauce béarnaise:
1 Schalotte
250 ml Weißwein
1 EL Estragonessig
1 Handvoll Kerbel
1 Zweig Estragon
1 Lorbeerblatt
5 Pfefferkörner
250 g Butter
2 Eigelb
1 Zweig Thymian

Grillzeit
10 Minuten

Zubereitung

Die Kartoffeln in der Schale im Wasser mit etwas Salz und Kümmel weich kochen, abgießen, schälen und erkalten lassen. Die Bohnen putzen und in reichlich Salzwasser gar kochen. Anschließend in kaltem Wasser abschrecken.

Den Speck in Scheiben schneiden und auslegen. Einige Bohnen auf jede Speckscheibe legen und aufrollen.

Für die Sauce die Schalotte schälen und in Scheiben schneiden. Zusammen mit Weißwein, Estragonessig, etwas Kerbel, Estragon, einem Lorbeerblatt und Pfefferkörnern in einem Topf auf ein Drittel einkochen, anschließend etwas auskühlen lassen. Butter in einem Topf zerlassen und warm halten.

Die Eigelbe in eine Metallschüssel geben. Den eingekochten Fond durch ein Sieb in die Schüssel mit den Eiern gießen. Alles mit Salz würzen und auf einem Wasserbad aufschlagen. Die Butter klären. Langsam und vorsichtig in die Eigelbmischung rühren, damit die Eigelbe nicht gerinnen. Vom restlichen Kerbel und Estragon Blättchen abzupfen, klein schneiden und in die Sauce geben.

Die Kartoffeln in Scheiben schneiden und in einer heißen Pfanne oder auf der Grillplatte in Öl goldbraun braten. Mit Salz und Pfeffer abschmecken, mit einigen abgezupften Thymianblättchen würzen.

Die Entrecôte-Steaks nun mit den Speckbohnen auf den heißen Grill legen. Die Steaks scharf angrillen, dann langsam bei geringerer Hitze in etwa 5 Minuten fertig garen, je nach gewünschter Garstufe. Die Speckbohnen von allen Seiten grillen, bis der Speck knusprig ist.

Die Bohnen und die Kartoffeln auf Teller verteilen. Das Fleisch daneben anrichten und mit der Sauce béarnaise übergießen.

Anregendes Rollenspiel, durchdringende Präsenz, *gelungenes Zusammenwirken*. Begnadet in Szene gesetzt, Beifall von allen Seiten.

Kalbsröllchen mit Flusskrebsen auf Karamellgemüse

Zutaten für 4 Personen

8 Flusskrebse

verschiedene Kräuter (z. B. Thymian, Rosmarin, Petersilie), fein gehackt

Saft und Schale von 1 Bio-Zitrone

Sesamöl

1 EL Zucker

500 g Gemüse (z. B. Fenchel, Möhren, Süßkartoffeln),

in Stifte geschnitten

2–3 Knoblauchzehen

100 ml Weißwein

2 EL geschlagene Sahne

4 Kalbspaillards (sehr dünn geklopfte Schnitzel aus Rücken oder Filet)

Grillzeit

10–14 Minuten

Zubereitung

Die Krebse kurz in kochendem Wasser blanchieren, anschließend die Schale entfernen. Das Krebsfleisch in den Kräutern wenden, dann leicht mit etwas Zitronensaft und Sesamöl beträufeln. Die Krebse auf die Kalbspaillards verteilen und diese von der kurzen Seite her aufrollen. Die Naht mit Zahnstocher fixieren.

Die Kalbsröllchen vorsichtig auf dem Grill bei mittlerer Hitze je nach Größe etwa 10–14 Minuten rundum braun anbraten.

In einem Topf den Zucker leicht karamellisieren, die Gemüsestifte und den in Scheiben geschnittenen Knoblauch dazugeben und unter Rühren kurz anbraten. Mit Weißwein ablöschen. Etwas Zitronenschale und den restlichen Zitronensaft einrühren und etwa 2 Minuten dünsten. Zum Schluss die geschlagene Sahne unterheben.

Das Gemüse auf Tellern anrichten. Die Kalbsröllchen schräg halbieren und auf das Gemüse setzen. Mit den restlichen Kräutern garnieren.

Profiliga

Die Röllchen mit dem Zahnstocher zusammenhalten, dann wie ein Bonbon in Alufolie einwickeln und auf den Grill legen.

Pikante Dreifaltigkeit – goldgelber Farbklang,
zwei Weinnoten, eine leise Rauchmelodie –
harmonische Komposition *mit erdiger Japanschärfe.*

Kalbshüfte mit Safran und Wasabi-Kartoffelstampf

Zutaten für 4 Personen
Für das Püree:
500 g Kartoffeln
125 ml Sahne
50 g Butter
1 TL Wasabipaste
Salz
Pfeffer aus der Mühle

Für die Kalbshüfte:
1 g Safranfäden
40 ml Noilly Prat
40 ml Weißwein
700 g Kalbshüfte, in 4 Steaks geschnitten
40 ml Sojasauce
1 Bund Kerbel
1 Bund Koriander

Zubereitungszeit
Marinieren: 10 Minuten
Grillen: 6–10 Minuten

Zubereitung
Die Kartoffeln kochen, kurz ausdampfen lassen, schälen und noch heiß
mit der Gabel oder dem Stampfer zerdrücken. Die Sahne sowie die Butter
einrühren und mit Wasabi, Salz und Pfeffer abschmecken. Das Püree bis
zum Servieren warm halten.
Für die Kalbshüfte Safran, Noilly Prat und Weißwein verrühren und die
Fleischscheiben darin etwa 10 Minuten marinieren. Dann bei mittlerer
Hitze auf den Grill legen, dabei abwechselnd mit der verbliebenen Ma-
rinade und Sojasauce bepinseln. Die Steaks etwa 3–5 Minuten auf jeder
Seite anbraten, sodass sie noch rosa sind.
Die Steaks auf Teller legen. Das Kartoffelpüree daneben anrichten. Das
Fleisch mit den Kräutern garnieren und servieren.

Zart und Zart gesellt sich gern, Erde und Meer,
hauchrosa und knallrot. Genüsslicher Gegensatz,
der Freude macht – „Wow"-Effekt inklusive.

Surf & Turf

Zutaten für 4 Personen
4 Rinderfiletsteaks (je etwa 200 g)
2 rohe Hummerschwänze (je etwa 400 g)
Fleur de Sel
2 EL Olivenöl
1 Bund Frühlingszwiebeln
1 Bund Kerbel
1 Knoblauchzehe
Pfeffer aus der Mühle

Grillzeit
etwa 10 Minuten

Zubereitung
Die Steaks aus dem Kühlschrank nehmen und zimmerwarm werden lassen, dann auf den Grill geben. Die Hummerschwänze der Länge nach
halbieren und die Schnittfläche mit etwas Fleur de Sel würzen und mit
Öl bestreichen. Die Steaks nach 3 Minuten zum ersten Mal wenden und
dann die Hummerschwänze mit der Schnittfläche nach unten auf den
Grill legen.
Die Frühlingszwiebeln putzen, waschen und den weißen Teil bei niedri-
ger Hitze auf den Grill legen. Den grünen Teil mit dem Kerbel und dem
Knoblauch fein schneiden. Die Hummerhälften nach etwa 5 Minuten
wenden und die Kräuter auf das Hummerfleisch geben, damit das Aro-
ma einziehen kann. Die Steaks und den Hummer vor dem Servieren am
Rand des Grills bei mittlerer Hitze etwa 5 Minuten ruhen lassen. Vor dem
Servieren mit Salz und Pfeffer würzen.
Dazu Salat oder Gemüse reichen.

Profiliga
Legen Sie den Hummer und die Steaks zusammen
mit einem Stück Butter zum Ruhen auf den Grill.

Tomahawk-Steak
„König unter den Steaks"

Zutaten für 4 Personen
1 Bund Thymian
1 Bund Rosmarin
grobes Meersalz
2 Rib-Eye-Steaks (je 1200 g), mit Knochen (beim Metzger vorbestellen)
Pfeffer aus der Mühle
1 Knoblauchzehe, halbiert
80 ml Olivenöl

Zubereitungszeit
Marinieren: 15 Minuten
Grillen: 40 Minuten
Ruhen: 10 Minuten

Zubereitung

Ein Rib-Eye-Steak kennt fast jeder. Eher selten und etwas Besonderes ist es aber, wenn es gut abgehangen ist und noch den 30–40 cm langen Brustknochen enthält. Mit etwas Überredungskunst wird Ihr Metzger es für Sie vorbereiten. Dann kann es an die Zubereitung gehen.

Thymian und Rosmarin waschen, trocken schütteln und grob hacken. Etwas von den gehackten Kräuter beiseitelegen. Die Steaks gut mit Salz, Pfeffer und den Kräutern einreiben, dann etwa 15 Minuten ziehen lassen. Die Kräuter anschließend gut abstreifen, sonst verbrennen sie beim Grillen. Das Fleisch von beiden Seiten bei hoher Hitze scharf grillen, sodass sich die Poren rundum schließen und der Fleischsaft nicht austreten kann. Anschließend bei niedriger Hitze etwa 20 Minuten auf jeder Seite grillen, dafür die Glut im Grill zur Seite schieben und das Grillgut in die Mitte des Grills legen. Gleichzeitig den Knoblauch mit auf den Grill legen.

Nach etwa 40 Minuten testen, ob das Fleisch gar ist. Wenn ja, die Steaks 10 Minuten an der Seite des Grills ruhen lassen. Den weichen Knoblauch mit einer Gabel aus der Schale schaben, in eine Schüssel geben und zerdrücken. Die übrigen Kräuter, etwas Salz und Olivenöl dazugeben und alles verrühren. Das Knoblauch-Kräuter-Öl über dem Fleisch verteilen. Die Steaks gegen die Faser mit einem scharfen Messer aufschneiden, den austretenden Fleischsaft dabei auffangen und zum Fleisch servieren.

Als Beilage passen Ofenkartoffeln oder Salat am besten.

Profiliga

Für dieses Steak brauchen Sie Geduld. Lassen Sie es lieber länger auf dem Grill liegen, damit es zarter wird. Salzen Sie es kurz vor dem Servieren ein zweites Mal. So kommt der Geschmack noch besser zur Geltung.

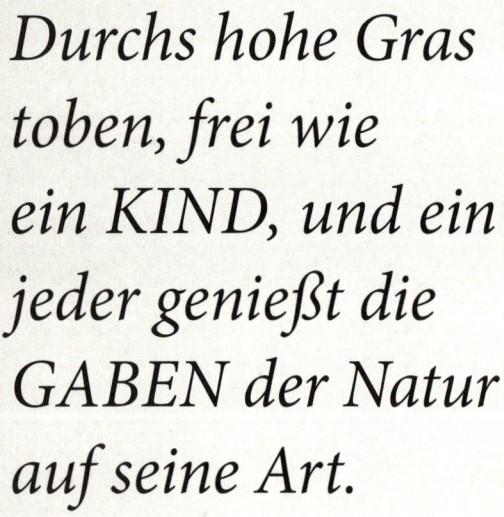

*Durchs hohe Gras
toben, frei wie
ein KIND, und ein
jeder genießt die
GABEN der Natur
auf seine Art.*

Carpaccio vom Lammrücken mit Sonnenblumen-Kräuter-Kruste und Ratatouille

Zutaten für 4 Personen

Für das Ratatouille:
1 Zucchini
je 1 rote, gelbe und grüne Paprika
1 Aubergine
1 Tomate
2 EL Sonnenblumenöl
10 schwarze Oliven
gemischte Kräuter (Basilikum, Petersilie, Thymian)
Fleur de Sel

Für das Lamm:
800 g Lammlende
Salz
Pfeffer
4 EL Sonnenblumenkerne
1 Bund Petersilie

Grillzeit
10 Minuten

Zubereitung

Für das Ratatouille die Zucchini, die Paprika und die Aubergine putzen, waschen und in Würfel schneiden. Die Tomate waschen und würfeln. Nach traditioneller Zubereitung wird jedes Gemüse, bis auf die Tomaten separat in Öl angeschwenkt. Zum Schluss alle Gemüsewürfel in die Pfanne geben und die Tomate untermischen. Die Kräuter waschen, trocken schütteln, fein schneiden und unter das Gemüse mengen. Mit Fleur de Sel abschmecken.

In der Zwischenzeit das Lamm mit Salz sowie Pfeffer würzen und auf den Grill legen. Das Fleisch auf beiden Seiten etwa 5 Minuten grillen. Anschließend das Lammfleisch vom Grill nehmen und weitere 5–10 Minuten ruhen lassen. Die Sonnenblumenkerne leicht in einer Pfanne ohne Fett rösten, fein hacken. Die Petersilie waschen, trocken schütteln, fein hacken und mit den Sonnenblumenkernen mischen. Das Lamm in der Mischung wenden. Das Fleisch in dünne Scheiben schneiden und mit dem Ratatouille auf Tellern anrichten.

Profiliga
Wenden Sie das Lammfleisch, während es ruht,
einmal, damit der Fleischsaft sich gut verteilt.

SMALL TALK
„Winter-Grillen ist jetzt total in. Das könnten wir
doch auch mal machen, mit Glühbier, Steaks und
Grilläpfeln ..."

Im verspielten Tanz – erfrischender Zitrusduft,
orange, gelb, kraftvoller Thymian, Knoblauch.
Mediterrane Einfachheit, natürlich und pur.

Lammkarree in Gremolata-Butter und Grillorangen

Zutaten für 4 Personen

2 Lammkarrees (je etwa 600 g)
Meersalz
Pfeffer aus der Mühle
2 Bio-Orangen
2 Bio-Zitronen
1 Bund Thymian
4 Knoblauchzehen
200 g Butter

Zubereitungszeit

Marinieren: 10 Minuten
Grillen: 20 Minuten
Ruhen: 10 Minuten

Zubereitung

Das Fleisch vom Metzger vorbereiten lassen. Die Knochen sollten frei liegen und geputzt sein, das Fleisch sollte von Sehnen und Fett befreit sein. Das Fleisch leicht mit Salz und Pfeffer einreiben und etwa 10 Minuten ziehen lassen. Anschließend auf die heiße Grillplatte legen und von beiden Seiten etwa 20 Minuten grillen – je nach Fleischdicke und Hitze des Grills. Währenddessen für die Gremolata die Orangen und die Zitronen heiß waschen und abtrocknen.

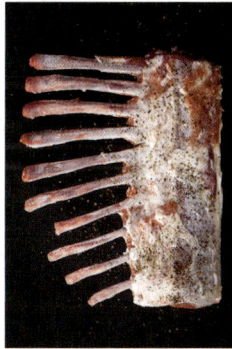

Anschließend die Schale mit einem Zestenreißer oder einer Reibe abreiben, dabei nicht die weiße Haut mit abreiben, da sie bitter ist. Den Abrieb in eine hitzebeständige Form geben. In der Form sollte später auch das Lammkarree Platz haben. Den Thymian waschen, trocken schütteln und die Blättchen in die Form zupfen. Den Knoblauch schälen, fein schneiden und mit der Butter in die Form geben. Die Form am Rand des Grills erhitzen, bis die Butter schmilzt und sich alle anderen Zutaten gut mit ihr vermischen lassen.

Das Fleisch nach der Grillzeit an den Rand des Grills schieben und weitere 10 Minuten bei niedriger Hitze ruhen lassen. Danach sollte es innen noch rosa sein. Die Form mit der Aromabutter auf den Grill stellen und aufschäumen lassen. Das Karree darin mehrmals wenden und so aromatisieren. Anschließend das Karree auf ein Brett geben und an den Knochen entlang mit einem scharfen Messer die Fleischstücke trennen. Zum Schluss die restliche Butter über die tranchierten Lammstücke gießen.
Als Beilage eignet sich Polenta oder auch Ofenkartoffeln.

FEUER

Es brennt. Auf der Zunge, mit allen Sinnen.
Ein aromatisches Spiel mit dem magischsten
aller Elemente – dem Feuer.

Mexikanische Tomatensalsa

Zutaten für 2 Personen
200 g vollreife Tomaten
1 rote Zwiebel
1–2 Knoblauchzehen
1 Lauchzwiebel
1 grüne Chilischote
4 Stängel Koriander
1 EL Limettensaft
Salz
weißer Pfeffer aus der Mühle
1 Prise Zucker
1 EL Olivenöl
1 TL Kreuzkümmel (nach Belieben)
Sojasauce (nach Belieben)

Zubereitungszeit
10 Minuten

Zubereitung
Die Tomaten putzen, halbieren, entkernen und hacken. Zwiebel und Knoblauch schälen. Lauchzwiebel putzen und waschen. Die weißen Teile der Lauchzwiebeln, die Zwiebel und den Knoblauch in feine Würfel schneiden. Den grünen Teil der Lauchzwiebel in schmale Ringe schneiden. Die Chili putzen, waschen und nach Belieben – für weniger Schärfe – die Kerne entfernen, anschließend sehr fein würfeln. Den Koriander waschen, trocken tupfen und die Blättchen grob hacken.
Tomaten, Zwiebeln, Knoblauch, Lauchzwiebel, Chili und Koriander in einer Schüssel mischen und mit Limettensaft, Salz, Pfeffer und Zucker würzen. Das Öl unterrühren, alles gut durchmischen. Die Salsa bis zum Servieren kalt stellen. Nach Belieben mit Korianderblättchen garnieren und mit Kreuzkümmel und Sojasauce abschmecken.

Profiliga
Diese Tomatensalsa schmeckt gut zu
Geflügel, zu gebratenen Garnelen und Fisch, zu
Steaks und Omeletts sowie zu lauwarmen grünen
Bohnen und sogar zu Spaghetti.

SMALL TALK
„Der Kugelgrill wurde erst 1952 in den USA erfunden. Vorher grillte man in Amerika meist offen auf aus Ziegel gemauerten Grills oder am Lagerfeuer.“

Entwaffnend einfach, aber nicht simpel.
Schritt für Schritt zur Raffinesse, süß, sauer, scharf,
und vieles mehr. Vorfreude aufs Probieren.

Meeresrauschen, *Salz auf den Lippen,*
laue Nächte im Sonnenland. Zurückversetzt
im Handumdrehen, auf köstliche Weise.

Spanische Mojosauce
à la Sascha Schmitt-Robinson

Zutaten für 4 Personen
3–4 mittelgroße reife Tomaten
1–2 altbackene Brötchen
1–2 Knoblauchzehen
3 EL Meersalz
1–2 Chilischoten
1 TL Paprikapulver
½ TL Kümmel
250 ml Essig
500 ml Speiseöl
Petersilie, gehackt

Zubereitungszeit
5 Minuten

Zubereitung
Tomaten und Brötchen in grobe Würfel schneiden und in einen Mixer geben.
Knoblauch, Salz, Chili, Paprika, Kümmel, Petersilie und Essig dazugeben
und alles fein mixen.
Bei Bedarf etwas Wasser dazugeben, um die Sauce flüssiger zu machen.
Mit dem Öl auffüllen und nachschmecken.

Profiliga
Diese Mojosauce können Sie variieren, indem
Sie zum Beispiel Koriander anstelle von Petersilie
oder reifen Ziegen- bzw. Schafskäse dazugeben.

SMALL TALK
„Im Berliner Promilokal ‚Grill Royal' hat
George Clooney die Rechnung seines Tischnachbarn
bezahlt. Als Entschädigung, weil er sich und seine
Freunde für zu laut hielt."

Karibische Nacht im heimischen Garten.
Scharfes Früchtchen, exotisch veredelt, in Rum gebadet,
himmlische Versuchung unterm Sternenzelt.

Gegrillte Ananas mit Tabasco und Vanille-Pfeffer

Zutaten für 4 Personen
1 reife Ananas
30 ml Tabasco
50 g brauner Zucker
60 ml brauner Rum
1 EL bunter Pfeffer, geschrotet
½ Stange frische Vanilleschote
20 g Butterflocken
2 EL Puderzucker
Minzeblättchen (zum Garnieren)

Zubereitungszeit
Marinieren: 15 Minuten
Grillen: etwa 8 Minuten

Zubereitung
Die Ananas putzen, schälen und in ½ cm dicke Scheiben schneiden. Für die Marinade Tabasco, Zucker, Rum, Pfeffer und die Vanille vermischen. Die Ananasscheiben in die Marinade legen und etwa 15 Minuten ziehen lassen. Anschließend die Ananasscheiben auf dem Grill zuerst in der Mitte des Grills scharf anbraten, etwa 1–2 Minuten auf jeder Seite. Dann die Scheiben an die Seite des Grills schieben und bei indirekter Hitze etwa 3 bis 4 Minuten weich grillen. Dabei die Scheiben mit der restlichen Marinade bepinseln und mit Butterflocken belegen.
Die Ananas auf einem Teller anrichten, mit Puderzucker bestreuen und mit Minze garnieren.

SMALL TALK
„Die Amerikaner haben bei ihren BBQ-Wettbewer-ben auch die Disziplin Nachtisch: Gegrillte Ananas mit geräuchertem Schokokuchen klingt richtig gut."

Knackig, saftig aus der ERDE Schoß. Frischer und lustvoller kann ESSEN nicht sein.

Grillkartoffeln
mit Kräuter-Crème-fraîche,
Lachs und Kaviar

Zutaten für 4 Personen
4 mittelgroße Kartoffeln

Für die Kräuter-Crème-fraîche:
1 Stängel Petersilie
1 kleines Bund Schnittlauch
3–4 Stängel Kerbel
1 Stängel Basilikum
200 g Crème fraîche
etwas Zitronensaft
Salz
Pfeffer aus der Mühle

4 Scheiben gebeizter Lachs
1 EL Kaviar vom Stör
1 EL Kaviar vom Lachs

Grillzeit
40–50 Minuten

Zubereitung
Die Kartoffeln auf einem Kartoffelhalter etwa 40–50 Minuten bei indirekter Hitze grillen. In der Zwischenzeit für die Kräutercreme die Kräuter
waschen, trocken schütteln, hacken und unter die Crème fraîche mischen.
Die Kräutercreme mit Zitronensaft, Salz und Pfeffer abschmecken.
Wenn die Kartoffeln weich sind, bis zur Mitte längs einschneiden, leicht
aufdrücken und die Kräutercreme mit einem Löffel einfüllen. Die Kartoffeln auf Tellern anrichten, mit dem Lachs und den beiden Kaviarsorten
garnieren und sofort servieren.

Profiliga
Wer nicht so lange auf die Kartoffeln warten
möchte, kann die Kartoffeln vorher etwa
10 Minuten ankochen.

Lagerfeuer, vollendetes Raucharoma, Riss
in der Schale, *weiches, dampfendes Innenleben,*
ein Löffel für die Krönungszeremonie.

Dieses Rot, dieses Grün! *Indisches Farbenfest, reine Lebensfreude.* Gemüse-Reis-Paradies lässt den Frühling um die Ecke schauen.

Risotto mit Ajvar und Avocadospieße an Sprossen

Zutaten für 4 Personen

300 g Risottoreis
je 1 EL Knoblauch und Ingwer, gehackt
Öl zum Braten
3 Stangen Frühlingslauch, geschnitten
500 ml Gemüsebrühe
1 Avocado
40 ml helle Sojasauce
4 EL mildes Ajvar
1 Bund Koriander
2 EL Tandooripaste oder rotes Tandooripulver
Salz
Pfeffer aus der Mühle
2 EL Sahne, geschlagen
80 g Sprossen
Löwenzahnblätter und Lavendel (zum Garnieren)

Grillzeit

nach Augenschein

Zubereitung

Den Risottoreis in einem Topf mit Öl und der Hälfte des Ingwers und des Knoblauchs sowie dem Frühlingslauch ohne Farbe anschwitzen. Die Brühe angießen und alles unter Rühren etwa 30 Minuten leicht köcheln lassen.
In der Zwischenzeit die Avocado schälen und das Fruchtfleisch in gleichmäßige Stücke schneiden und auf Holzspieße stecken. Den restlichen Ingwer und Knoblauch mit der Sojasauce mischen und die Avocadospieße darin marinieren. Nun die Spieße von beiden Seiten so lange grillen, bis sie noch fest sind, aber schon leichte Farbe haben.
Den Koriander waschen, trocken schütteln und hacken. Wenn der Reis weich ist, Ajvar, Tandooripaste und Koriander dazugeben, mit Salz und Pfeffer abschmecken.
Nach Belieben die restliche Avocadomarinade dazugeben. Den Reis auf Tellern anrichten und die Avocadospieße darauf anrichten. Mit einem Klecks Sahne, Sprossen und Löwenzahnblättern garnieren.

Handschuh', Schal und Mütze, von vorne strahlt die HITZE. WEISSE Wiesen und die Glut vor Augen.

Marinierte Grillpoulardenbrust auf Bohnen-Curry-Gröstl

Zutaten für 4 Personen
4 mittelgroße Poulardenbrustfilets
1 Knoblauchzehe, gehackt
1 EL brauner Zucker
2 EL Sojasauce
200 g grüne und gelbe Bohnen
6–8 Scheiben gekochte Kartoffeln
1 Stück Ingwer, geschält
1 EL mildes Currypulver
1 TL Currypaste (gelb oder rot)
1 EL Passionsfruchtmark
1 Dose Kokosmilch (400 ml)
Wein oder Brühe (nach Belieben)
200 g Sojasprossen
1 Bund Thaibasilikum
1 Bund Koriander

Grillzeit
etwa 10 Minuten

Zubereitung
Die Poulardenbrustfilets bei Bedarf von Fett befreien. Die Hälfte des Knoblauchs mit Zucker sowie Sojasauce zu einer Marinade rühren. Das Fleisch mit der Marinade einreiben, etwa 10 Minuten ziehen lassen und anschließend auf dem Grill anbraten.
Die Bohnen putzen und mit den Kartoffeln, dem Ingwer und dem restlichen Knoblauch und den Currys in eine grillfeste Schüssel oder einen Topf geben. Die Curryzutaten auf dem Grill anrösten. Das Passionsfruchtmark unterrühren, anschließend mit Kokosmilch auffüllen.
Nach Belieben etwas Wein oder Brühe angießen. Das Ganze zum Kochen bringen und die angegrillten Poulardenbrustfilets zu dem Curry-Gröstl geben. Alles kochen lassen, bis die Bohnen weich sind und das Curry eine dickflüssige Konsistenz hat. Zum Schluss die Sprossen unterrühren.
Die Poulardenfilets in Scheiben schneiden und auf dem Bohnen-Curry-Gröstl anrichten. Thaibasilikum und Koriander waschen, trocken schütteln und grob hacken. Das Curry damit garnieren.

Profiliga
Noch besser als Wein eignet sich Sake zum Auffüllen der Sauce. Er passt auch hervorragend als Getränk zur Poulardenbrust.

Malaysischer Fleischspieß mit gebratenen Nudeln an pikanter Erdnuss Sauce

Zutaten für 10 Stück

500 g Glasnudeln
10 Fleischspieße
Pflanzenöl zum Braten
100 g Zwiebelwürfel
50 g Knoblauch
500 g China-Gemüse
40 ml Fischsauce
250 ml Brühe

Für die Marinade:
1 EL schwarzer Pfeffer
1 EL Zitronenschale, fein gehackt
1 EL Kreuzkümmel
1 EL Korianderpulver
1 EL Salz

Für die Erdnusssauce:
100 g Schalotten
50 g Knoblauch
250 ml Sojasauce
100 ml Olivenöl
50 g frischer Ingwer
2–3 frische Chili
4 EL Zucker
250 ml Wasser oder Gemüsebrühe
250 ml Kokosmilch
3 Stängel Koriander
500 g geröstete Erdnüsse oder 300 g Erdnusscreme

Grillzeit
15 Minuten

Zubereitung

Glasnudeln in kaltem Wasser für 15 Minuten einweichen, danach absieben und bereitstellen. Zutaten für die Marinade vermischen. Das Fleisch damit würzen und auf dem Grill langsam bei schwacher Hitze grillen. Für die Erdnusssauce alle Zutaten in einen Mixer geben und fein pürieren, dann in einem Topf bei schwacher Hitze zum Kochen bringen.
In einer Pfanne mit heißem Öl die Zwiebel und den Knoblauch anrösten. Das Gemüse und kurz danach die abgetropften Glasnudeln dazugeben. Gut schwenken und mit der Fischsauce ablöschen. Mit Brühe angießen und fertig garen. Die gegrillten Spieße auf den Glasnudeln anrichten, die Sauce darübergeben.

Profiliga
Bei der Erdnusssauce gilt: Je länger sie kocht, umso dickflüssiger wird sie. Sie sollte daher nur kurz kochen. Wird sie zu dickflüssig, etwas Kokosmilch dazugeben.

*Schätze der Erde,
gehoben von HAND
und Verstand.
ERNTEN, nicht
produzieren.*

Lollipop mit Aromen aus dem Garten und Tandoori

Zutaten für 8–12 Stück
1 Bund Koriander, gehackt
2 Stängel Basilikum
3 Stängel Petersilie
1 Bund Frühlingszwiebeln oder Schnittlauch
1 kg Kalbshackfleisch
2 TL rote Tandooripaste
2 EL helle Sojasauce
3 EL mittelscharfe Chili, gehackt
2–3 Eigelb
4 EL Knoblauch, fein gehackt
3 TL Zucker
4 EL Semmelbrösel
Salz
Pfeffer aus der Mühle
8–12 Stangen Zitronengras

Grillzeit
10 Minuten

Zubereitung
Für die Lolipopp-Masse Koriander, Basilikum, Petersilie und Frühlingszwiebeln waschen, trocken schütteln und klein schneiden. Das Hackfleisch in eine Schüssel geben, die Kräuter dazugeben sowie Tandooripaste, Sojasauce, Chili, Eigelb, Knoblauch, Zucker und Semmelbrösel.
Alles mit Salz und Pfeffer würzen und gut vermengen.
Die Zitronengrasstängel waschen, trocknen und das Wurzelende abschneiden. Dann aus der Hackfleischmasse kleine Kugeln formen und auf
das untere dicke Ende stecken. Die Lollipops auf die Grillplatte legen und
bei mittlerer Hitze etwa 10 Minuten vorsichtig von allen Seiten gar grillen.

Profiliga
Die Lollipops sind ein perfekter Snack für
zwischendurch oder zusammen mit einem Salat
eine leckere Vorspeise.

Spaß für die Kinder, *ein wunderbarer Begleiter,*
charmante Begegnung in der Mittagspause –
Schwelgen kann so schön sein.

Rinderfilet
auf klassisch Koreanisch –
Bulgogi

Zutaten für 4 Personen
900 g Rinderfilet
5 EL Zucker
4 EL Lauch (weißer und grüner Teil), gehackt
6 EL Reiswein
80 ml Sojasauce
5 Knoblauchzehen, fein zerdrückt oder geschnitten
2 EL weißer Sesam
Salz
Pfeffer aus der Mühle
1 Stück scharfe Chilischote
Schnittlauchröllchen

Zubereitungszeit
Marinieren: 1 Stunde
Grillen: 10 Minuten

Zubereitung
Das Rinderfilet im Tiefkühlfach anfrieren, so lässt es sich später besser in Scheiben schneiden. Zucker, Lauch, Reiswein, Sojasauce, Knoblauch, Sesam, Salz, Pfeffer und Chili in einem Mörser oder Mixer fein zerkleinern. Das Rinderfilet in 8 dünne Scheiben schneiden, falls vorhanden mit einer Aufschnittmaschine, oder mit einem scharfen Messer. Die Scheiben leicht plattieren, in eine flache Form geben und mit der Marinade bedecken. Das Rinderfilet etwa 1 Stunde in der Marinade ziehen lassen. Anschließend das Fleisch aus der Marinade nehmen und auf dem Grill bei nicht zu starker Hitze anbraten, sonst verbrennt der Zucker in der Marinade. Von beiden Seiten grillen. Das Filet soll Farbe und eine leichte Kruste bekommen, dabei ein- bis zweimal wenden.
Die Fleischscheiben am Rand des Grills bei niedriger Hitze ruhen lassen und mit der restlichen Marinade bestreichen. Das Fleisch mit Schnittlauch garniert servieren. Reichen Sie dazu als Beilage Rösti mit Gemüse.

Profiliga
In Korea gibt es als Beilage Reis oder Salat.
Das Fleisch wird klein geschnitten und in ein
Salatblatt eingewickelt. Dazu werden Knoblauch,
Chili und Kim Chi, das koreanische eingelegte
Kraut, gereicht.

Exquisites Schnittmuster, *hauchfein geteilt*,
Würzmagie entfaltet im Ruhen ihre Kraft, Geschmacksknospen
auf kühner Entdeckungsreise.

Himalaja-Rindfleischsalat mit Frisée

Zutaten für 4 Personen
100 ml helle Sojasauce
2 EL Zucker
500 g Rinderfilet

Für die Marinade:
Schalotten
Saft von 2 Bio-Zitronen
1 EL Tom-Ka-Paste (Paste mit Salz, Galgant, Zitronengras und anderen asiatischen Gewürzen)
1 Stängel Zitronengras, sehr fein gehackt
50 g Ingwer oder Knoblauch
40 ml asiatische Fischsauce
1 TL Korianderpulver
3 scharfe Chilischoten, gehackt
Salz | Pfeffer aus der Mühle

Für die Garnitur:
1 Kopf Friséesalat
3 Schalotten, in Streifen geschnitten
Öl zum Braten
einige Erdnüsse, gehackt
Limonenspalten
3 Stängel frischer Koriander, gehackt

Zubereitungszeit
Marinieren: 1 Stunde
Grillen: 8 Minuten

Zubereitung

Einige EL Sojasauce und den Zucker verrühren, das Rinderfilet darin etwa 1 Stunde marinieren. Anschließend das Filet auf dem Grill medium rare (innen rosa, auf jeder Seite etwa 4 Minuten) anbraten. Das Filet an die Seite des Grills schieben und dort ruhen lassen.

Für die Marinade die Schalotten mit Zitronensaft, Tom-Ka-Paste, Zitronengras, Ingwer, Fischsauce, Koriander und Chili in einer Schüssel vermischen. Mit Salz und Pfeffer abschmecken. Dann das Fleisch in dünne Streifen schneiden, den austretenden Fleischsaft dabei auffangen. Die Fleischstreifen und den Fleischsaft in die Marinade geben.
Alles noch einmal mit Salz und Pfeffer abschmecken.
Den Friséesalat putzen, waschen, in Stücke zupfen und auf einer Platte anrichten. Die Schalotten in einer Pfanne in etwas Öl anbraten. Die marinierten Rindfleischstreifen auf dem Salat verteilen. Mit den Erdnüssen bestreuen und mit Limonenspalten und Koriander garnieren.

Profiliga

Das Fleisch wie im Rezept marinieren und in der Marinade über Nacht ziehen lassen. So tritt beim Schneiden später kein Saft aus.

*Ärmel hochkrempeln, Bier öffnen,
Fleisch satt, saftig, edel und ohne viel „Gedöns".
Alles klar im Kerle-Universum!*

Kalbskoteletts für Männer –
in Kräutermarinade
mit Steinpilzen

Zutaten für 4 Personen
gemischte Kräuter (Petersilie, Basilikum, Thymian, Oregano und Kerbel)
1 Bio-Zitrone
80 ml Olivenöl
2 frische Knoblauchzehen
30 g grobes Meersalz
4 Kalbskoteletts (je 350 g), vom Metzger küchenfertig vorbereitet
400 g Steinpilze
Pfeffer aus der Mühle

Zubereitungszeit
Marinieren: 30 Minuten
Grillen: etwa 25 Minuten

Zubereitung

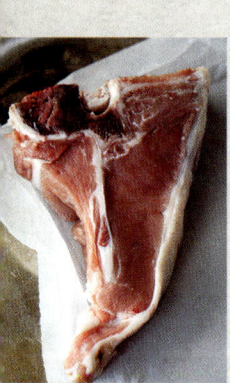

Für die Kräutermarinade Kräuter waschen, trocken schütteln und Blättchen abzupfen. Die Zitrone waschen, trocknen und die Schale abreiben. Die Kräuterblättchen mit Öl, Knoblauch, Zitronenschale und einem Teil des Salzes im Mörser oder im Mixer zu einer Marinade vermischen. Die Koteletts in die Marinade legen und bei Zimmertemperatur etwa 30 Minuten ziehen lassen. In der Zwischenzeit die Pilze putzen. Vom Fleisch die Kräutermarinade gut abstreifen, damit die Kräuter beim Grillen nicht verbrennen. Dann die Koteletts auf den Grill legen und etwa 25 Minuten grillen, dabei öfter wenden. Nach Belieben die Steinpilze in der restlichen Marinade ziehen lassen. Nach etwa 15 Minuten die Steinpilze kurz mit Wasser abbrausen und zu den Koteletts auf den Grill legen und etwa 10 Minuten grillen. Bis zum Servieren die Koteletts an die Seite des Grills legen und bei niedriger Hitze ziehen lassen, dabei mit der restlichen Marinade bestreichen. Die Koteletts schmecken am besten, wenn sie noch leicht rosa sind. Die Pilze und die Koteletts mit dem restlichen Salz und Pfeffer würzen, auf Tellern anrichten und servieren.

Profiliga
Hier bedarf es einer gewissen Grillerfahrung, da die Steinpilze zur selben Zeit wie das Kalb fertig werden sollen. Das Kalb an der Seite auf dem Grill ruhen lassen und währenddessen die Pilze grillen.

Gegrillter Thunfisch mit Fenchel und Wasabi-Ingwer-Marinade

Zutaten für 4 Personen

50 g Sesam, geröstet und zerstoßen
50 g Zucker
100 ml Sojasauce
4 Thunfischfilets (je etwa 250 g)
Wasabipulver
eingelegter Ingwer (nach Belieben)
2 frische Fenchelknollen
Olivenöl zum Marinieren
Salatblätter, gewaschen (z. B. Kopfsalat, Eichblattsalat, Lollo rosso)
1 Bund Koriander, gehackt

Zubereitungszeit

Marinieren: 10 Minuten
Grillen: 2–3 Minuten

Zubereitung

Sesam, Zucker und Sojasauce in einer Schüssel vermischen. Die Thunfischfilets 10 Minuten darin marinieren.

Nach Belieben Wasabipulver 1:1 mit Wasser zu einer dickflüssigen Masse anrühren. Den Ingwer fein schneiden und mit Wasabi vermischen. Den Fenchel waschen und in ½ cm dicke Scheiben schneiden. Die Scheiben auf den heißen Grill legen, bis sie weich sind. Wenn die Fenchelscheiben gewendet werden, den Thunfisch aus der Marinade nehmen. Auf den Grill legen und maximal von jeder Seite 1 Minute scharf angrillen. Der Thunfisch soll innen noch roh sein.

In der Zwischenzeit auf einer Platte die Salatblätter ausbreiten. Wenn die Fenchelscheiben weich sind, vom Grill nehmen und auf einen Teller legen. Mit etwas Öl beträufeln und kurz ziehen lassen. Die Fischfilets vom Grill nehmen. Die Fenchelscheiben und die Thunfischfilets auf dem Salat anrichten. Alles mit der Wasabi-Ingwer-Marinade beträufeln und den Koriander darüberstreuen.

Profiliga

Den Thunfisch nach dem Grillen zurück in die Marinade legen und warm halten, so kommt der Geschmack noch besser zur Geltung.

Rückzug in eine Oase der Stille, Sammlung
auf das Wesentliche, ein *Augenblick in der Ewigkeit,*
Vollendung zum Hochgenuss.

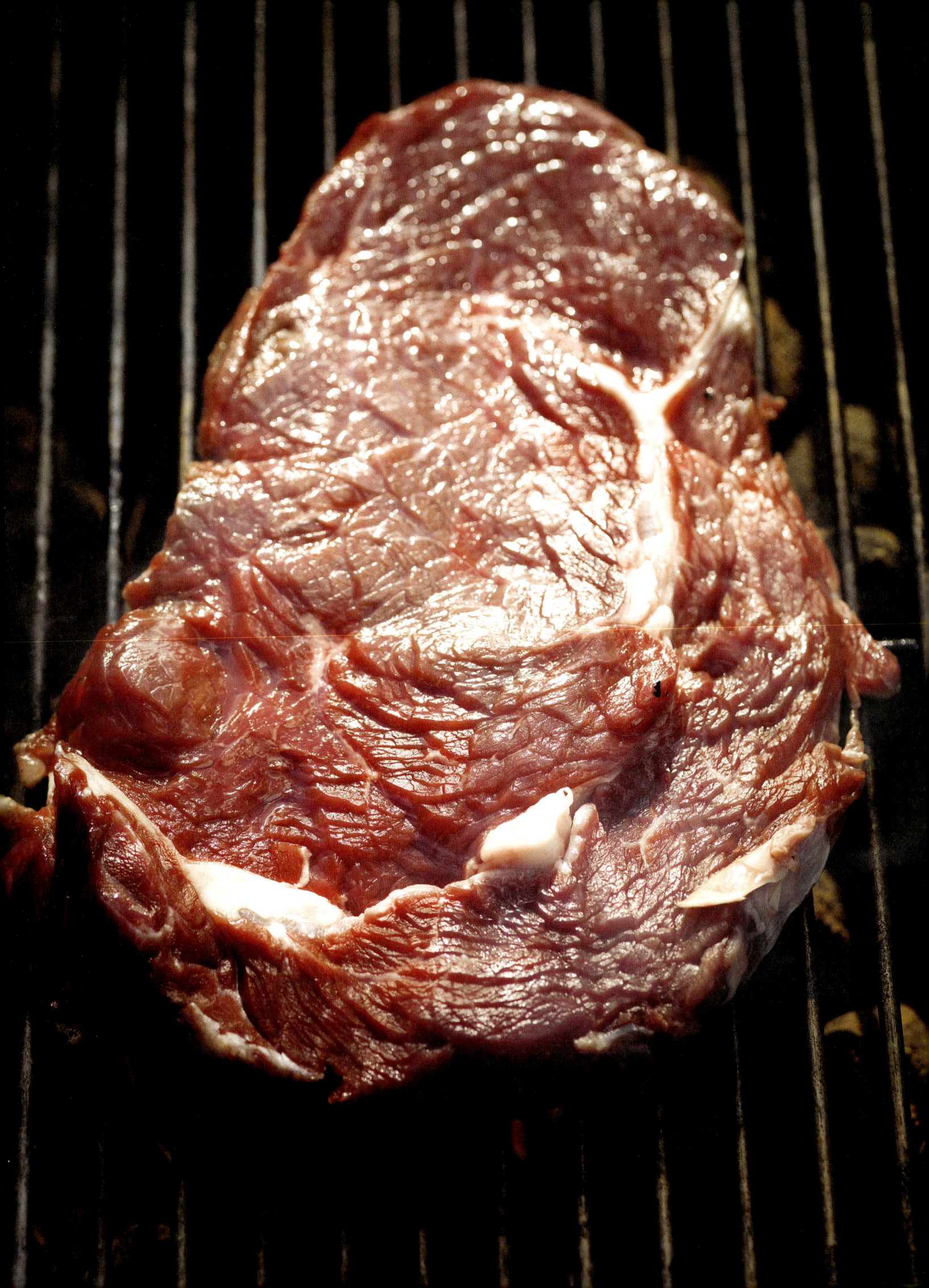

Sanftes Gebimmel auf würzigen WIESEN. Almen im Sommerwind verheißen Gipfelstürmern SELIGE EINKEHR.

Gegrilltes Störsteak
an Portwein-Chili-Butter
mit Auberginen-Gemüse-Tatar

Zutaten für 4 Personen
4 Störfilets (je 200 g, etwa 2 cm dick)

Für die Marinade:
250 ml Sojasauce
1 EL Sesamöl
1 EL Zitronengras, fein gehackt
1 EL brauner Zucker

Für die Portwein-Chili-Butter:
100 g rote Zwiebeln, gewürfelt
250 ml Rotwein
250 ml roter Portwein
1–2 EL Sambal Oelek
100 g Butter

Für das Tatar:
3 kleine Auberginen
Salz | 2 EL Olivenöl
3 Karotten, in sehr feine Würfel geschnitten
½ Sellerieknolle, in sehr feine Würfel geschnitten
½ Stange Lauch, sehr klein geschnitten
3 frische Tomaten, geschält, entkernt und gewürfelt
frische Kräuter (z. B. Koriander, Petersilie, Basilikum)

Zubereitungszeit
Marinieren: 10 Minuten
Grillen: 10 Minuten

Zubereitung

Die Störfilets mit Küchenpapier trocken tupfen. Für die Marinade Sojasauce, Sesamöl, Zitronengras und braunen Zucker verrühren. Die Filets
darin etwa 10 Minuten einlegen.

In der Zwischenzeit für die Portwein-Chili-Butter die Zwiebeln mit Rotwein und Portwein in einem Topf aufkochen, dann bei niedriger Hitze die
Flüssigkeit auf die Hälfte reduzieren. Anschließend das Sambal Oelek untermischen und nochmals aufkochen, dabei die Butter unterrühren. Den
Topf mit den Zwiebeln von der Herdplatte ziehen. Die Zwiebeln warm
halten, aber nicht mehr kochen.

Für das Gemüsetatar die Auberginen waschen, in sehr feine Würfel
schneiden und mit etwas Salz bestreuen. Nach 10 Minuten die Auberginen leicht in einem Sieb ausdrücken, dann in einer Pfanne in Öl andünsten. Die lauch-, Karotten- und Selleriewürfel dazugeben und alles kurz bei
hoher Hitze erhitzen. Anschließend das Gemüse aus der Pfanne nehmen
und sofort in eine Schüssel geben. Die Tomatenwürfel unter das Gemüse
mischen. Die Kräuter waschen, trocken schütteln, grob hacken und unter
das Gemüsetatar mengen.

Die Störfilets aus der Marinade nehmen und von beiden Seiten etwa
5 Minuten grillen. Die Filets sollten innen noch glasig sein. Mit dem lauwarmen Tatar und der Portwein-Butter anrichten.

Schlicht und pur, *edle Leichtigkeit* im Wechselspiel
mit robustem Lagerfeuerliebling, Gegensatz und
doch Ergänzung, fast schon Zen.

Japanisch mariniertes Saiblingsfilet mit Kartoffeln vom Grill

Zutaten für 4 Personen
4 Saiblingsfilets (je 200 g)

Zutaten für die Marinade:
80 ml Sake
80 ml Mirin (Reiswein)
150 g helle Misopaste
1 TL Zucker
2 EL Sojasauce

Für die Kartoffeln:
4 mittelgroße mehligkochende Kartoffeln
Salz | Pfeffer
2 EL Crème fraîche
Schnittlauchröllchen oder andere Gartenkräuter
(z. B. Petersilie, Basilikum, Kerbel)

Zubereitungszeit
Marinieren: 15 Minuten
Grillen: etwa 35 Minuten

Zubereitung
Den Sake, den Mirin, die Misopaste, Zucker und Sojasauce zu einer Marinade verrühren. Die Saiblingsfilets mit der Marinade bedecken und etwa 15 Minuten bei Zimmertemperatur ziehen lassen.
Die Kartoffeln waschen, leicht salzen, in Alufolie wickeln und 30 Minuten auf den Grill legen, dabei mehrmals wenden. Wenn die Kartoffeln weich sind, den Fisch aus der Marinade nehmen und auf der Hautseite kurz etwa 2–3 Minuten heiß grillen.
In der Zwischenzeit die Kartoffeln aus der Folie nehmen, halbieren und mit einem Löffel das Innere aus der Schale schaben und in eine Schüssel geben. Die Creme fraiche und, nach Belieben, Schnittlauchröllchen oder andere gehackte Gartenkräuter unterrühren. Mit Salz und Pfeffer abschmecken. Die Kartoffelcreme mit dem Saibling auf Tellern anrichten und servieren.

Vitello Tomato mit gegrilltem Thunfisch an Frühlingssalaten

Zutaten für 4 Personen

4 Fleischtomaten, ohne Haut
1 Bio-Orange
1 Zweig Thymian, gehackt
40 ml Olivenöl
400 g Thunfisch
250 ml Kalbsjus
1 Msp. Fünf-Gewürze-Pulver
50 g Mayonnaise
1 Bund Rucola oder andere Salatblätter (zum Garnieren)

Grillzeit

2–3 Minuten

Zubereitung

Die Tomaten in Viertel schneiden, die Kerne entfernen. Die Viertel zwischen zwei Lagen Frischhaltefolie mit einem Plattiereisen flach klopfen und auf Teller verteilen.

Die Schale von der Orange abschälen und hacken. Orangenschale und Thymian mit Öl zu einer Marinade verrühren und den Thunfisch darin kurz marinieren. Den Fisch dann von beiden Seiten etwa 1 Minute kurz und scharf angrillen, er sollte innen noch roh sein. Anschließend warm stellen.

Die geschälte Orange halbieren und mit der Schnittfläche auf den Grill legen. Das Fruchtfleisch leicht karamellisieren, dann die Orange vom Grill nehmen und beiseitelegen. Die Kalbjus und das chinesische Gewürzpulver leicht einkochen, anschließend abkühlen lassen. Den abgekühlten Fond mit Mayonnaise und dem Saft der gegrillten Orange glatt rühren. Den Thunfisch in nicht zu dünne Scheiben aufschneiden und auf die Tomatenscheiben legen. Die kalte Sauce darüberträufeln und alles mit Rucola oder anderen Salatblättern garnieren.

SMALL TALK

„Was haltet ihr von einem Brunch-BBQ zu Ostern?
Garnelen, Lachs und Lammspieße vom Grill?
Natürlich muss das Wetter mitspielen.“

Bärenkrebs vom Grillstein an Fruchtsalat mit Cashewnüssen und Thaibasilikum

Zutaten für 4 Personen
10 Bärenkrebsschwänze

Für den Fruchtsalat:
1 Mango (etwa 300 g)
1 Papaya (etwa 300 g)
1 mittelgroße Flugananas

Für die Marinade:
40 ml Limonensaft
40 ml Fischsauce
50 g Zucker
1 Bund Minze
4 Schalotten, gehackt
1–2 Chilischoten, gehackt
Fleur de Sel
Pfeffer aus der Mühle
Cashewnusskerne (zum Garnieren)

Grillzeit
10–12 Minuten

Zubereitung
Die Früchte schälen, bei Bedarf die Kerne entfernen und das Fruchtfleisch in Würfel schneiden. Limonensaft, Fischsauce und Zucker verrühren, bis sich der Zucker auflöst. Die Minze waschen, trocken schütteln, grob hacken und mit den Schalottenwürfeln sowie den Chilis unter die Marinade mischen.

Die Marinade mit den Früchten vermischen und einige Zeit ziehen lassen. In der Zwischenzeit die Bärenkrebsschwänze mit der Schale der Länge nach halbieren und mit der Schnittfläche nach unten auf den heißen Grill legen. Etwa 10–12 Minuten grillen.

Die fertig gegrillten Krebse mit Fleur de Sel und Pfeffer würzen. Die Schale entfernen. Das Krebsfleisch in 2 cm große Stücke schneiden und unter den Fruchtsalat mischen.

Den Fruchtsalat in Gläsern oder auf Salatblättern anrichten und mit Cashewnusskernen garniert servieren.

Profiliga
Der Bärenkrebs hat ein sehr empfindliches Fleisch, daher Vorsicht beim Grillen. Er sollte nicht zu heiß und nicht zu lange gegrillt werden.

LUFT

Salzige Düfte, Schaum aus Kräutern und Gewürzen. Rauchige Aromen liegen in der Luft.

Duftmelange, würzig, deftig,
frühlingsmild, *eingefangen in herzhaftem Brotmantel*,
Glückseligkeit der rustikalen Art.

Bauernbrot mit gegrillter Speckwurst

Zutaten für 4 Personen
4 Scheiben Bauern- oder Schwarzbrot
1 Knoblauchzehe
1 Frühlingszwiebel
8 Scheiben rohen Speck
4 rohe Bratwürste (z. B. Salsiccia)
1 EL scharfer Senf

Grillzeit
etwa 12 Minuten

Zubereitung

Die Brotscheiben mit dem Knoblauch auf beiden Seiten einreiben, dann 3–4 Minuten von beiden Seiten grillen. Die Frühlingszwiebel putzen und der Länge nach vierteln. 2 Speckscheiben überlappend nebeneinander legen. Je ein Zwiebelviertel mit einer Wurst auf den Speck legen und mit dem Speck fest umwickeln.
Die Würste anschließend etwa 8 Minuten auf den Grill legen, dabei mehrmals wenden. Nicht zu heiß grillen, da sonst der Speck zu kross wird, aber die Wurst möglicherweise noch roh ist.
Die Brotscheiben mit Senf bestreichen, darauf die fertig gegrillte Wurst legen. Nach Belieben die Brotscheibe in der Mitte längs etwas zusammendrücken, so kann die Wurst wie ein Hotdog aus der Hand gegessen werden.

Eine von unendlichen Möglichkeiten, entwaffnend einfach, genial kombiniert. *Kurzes Flammenbad, duftgeschwängert und dann sofort zubeißen!*

Getoastetes Mozzarella-Brot mit Pesto und Salami vom Grill

Zutaten für 4 Personen
8 Scheiben Brot
10 Scheiben Salami
einige Salatblätter
8 Scheiben Mozzarella (je 1 cm dick)
2–3 EL Pesto (aus dem Glas)

Grillzeit
3–4 Minuten

Zubereitung
Die Brotscheiben auf dem Grill toasten. Die Salamischeiben halbieren und die Brote mit einigen Salatblättern und der Salami belegen. Die Mozzarellascheiben genau auf die Salami legen. Der Käse sollte nicht über den Brotrand stehen, da er sonst beim Grillen in die Kohlen tropft. Die Brote auf den Grill legen und den Deckel des Grills 3–4 Minuten schließen. Die Brote vom Grill nehmen, wenn das Brot und der Käse leicht Farbe bekommen. Den Mozzarella mit etwas Pesto beträufeln und die Brote am besten sofort verzehren.

Profiliga
Das Mozzarella-Brot ist zusammen mit einem Salat eine wunderbare Vorspeise. Verwenden Sie Vollkornbrot für noch mehr Geschmack. Statt Salami können Sie die Brote auch mit Putenwurst oder Schinken belegen, diese Wurstsorten haben weniger Fett.

Dicke Laibe, gekonnt gereift zur cremigen Verführung. Zeit, die RUNDE WÜRZE wachsen lässt.

Bunte Nachbarschaft, tandoori-rot,
mozzarella-weiß, kurkuma-gelb, avocado-grün.
Süßlich, intensiv, scharf, elektrisierend gut.

Tasmanische Pizza mit Tandoori und gegrilltem Huhn an Kräutercreme

Zutaten für 4 Personen
Olivenöl (zum Einpinseln)
4 Pizzaböden
1 EL Tandooripaste
100 g Mozzarella
100 g Tomaten, enthäutet und in Würfel geschnitten
½ Avocado
1 Msp. Kurkuma
2 Hähnchenfilets
Salz
1 TL tasmanischer Pfeffer, im Mörser zerkleinert
20 Basilikumblätter

Zutaten für die Kräutercreme:
200 g Crème fraîche
1 EL Schnittlauchröllchen
1 EL Petersilie, gehackt
1 EL Honig
1 TL Currypulver
1 TL Ingwer, gehackt
2 TL Sojasauce
2 TL rote Chilisauce

Grillzeit
15 Minuten

Zubereitung
Grillrost mit Öl einpinseln. Die Pizzaböden mit Tandooripaste bestreichen. Den Mozzarella in dünne Scheiben schneiden und die Böden damit belegen. Die Tomaten darauf verteilen. Die Avocado auslösen. Das Fruchtfleisch in Stücke schneiden und mit Kurkuma mischen. Die Avocadomischung auf den Tomaten verteilen und die Pizza in den vorgeheizten Grill geben. Die Hähnchenfilets mit Salz sowie tasmanischem Pfeffer würzen und anschließend mit der Pizza etwa 15 Minuten grillen. Für die Kräutercreme die Crème fraîche mit den Gewürzen und Kräutern gut verrühren. Die fertige Pizza aus dem Ofen nehmen und die Hähnchenfilets darauflegen. Die Kräutercreme in Tupfen darüber verteilen. Die Pizza mit Basilikum garnieren und nach Belieben nochmals mit Pfeffer bestreuen.

Mild gegrillter Spieß vom Bergwiesenhuhn in Rosen-blättern mariniert

Zutaten für 4 Personen
1 ganzes Huhn
2 Handvoll Rosenblätter
2 EL Zucker
1 Tasse Weißwein
1 Zweig Estragon
1 Handvoll roter Basilikum
2 EL helle Sojasauce

Zubereitungszeit
Marinieren: 30 Minuten
Grillen: 15–20 Minuten

Zubereitung
Von dem Huhn die Brustfilets und die Schenkel abtrennen. Das Fleisch auslösen und in gleiche Stücke schneiden, das Brust- und das Schenkelfleisch dabei in separate Schüsseln geben.
Die Fleischstücke nun auf Metall- oder gewässerte Holzspieße stecken. Das Schenkelfleisch und das Brustfleisch dabei nicht zusammen auf einen Spieß stecken, da die Fleischsorten unterschiedliche Garzeiten haben. Die Spieße in eine flache Form legen.
Für die Marinade die Rosenblätter, Zucker, Wein, Estragon, Basilikum und Sojasauce vermischen. Die Marinade über die Spieße geben und bei Zimmertemperatur etwa 30 Minuten ziehen lassen.
Die Spieße auf den Grill legen und 15–20 Minuten grillen, dabei immer wieder wenden. Die Spieße mit dem Schenkelfleisch brauchen etwas länger, bis sie gar sind.

SMALL TALK
„Probier doch mal Chicken on Bud, da wird das ganze Hähnchen hochkant auf einer halb gefüllten Bierdose auf dem Rost gegrillt!"

Blütenblätter fürs Almwiesenkind, rosige Zeiten. Unbekannten Aromafährten folgen, neu schmecken lernen, dem Himmel plötzlich so nah.

*Des Feldes Früchte,
voll mit LICHT und
LUFT und WASSER
und ERDE. Aroma
von unschätzbarem
Marktwert.*

Gleißende Hitze, betörendes Lila bis zum Horizont.
Die Seele der Provence einfangen,
hier, jetzt, mit Freunden im Garten.

Kalbsröllchen mit Kalbstatar und Lavendel gefüllt

Zutaten für 4 Personen
8 Kalbsrückensteaks (je 100 g)

Für die Füllung:
300 g Kalbstatar
1 Ei
2–4 Zweige Kerbel, gehackt
Abrieb von 1 Bio-Orange
1 TL Lavendelblüten, getrocknet oder frisch
Salz
Pfeffer aus der Mühle
1 TL Senf
2 Frühlingszwiebeln, nur den weißen Teil

Grillzeit
10 Minuten

Zubereitung
Die Kalbssteaks zwischen zwei Lagen Frischhaltefolie dünn klopfen, sodass man sie aufrollen kann. Das Tatar in eine Schüssel geben. Das Ei trennen und mit Kerbel, Orangenabrieb und Lavendel zum Tatar geben. Alles mit Salz und Pfeffer würzen und gut vermischen.
Die Kalbssteaks auf den Tisch legen und mit Senf bestreichen. Die Frühlingszwiebeln fein schneiden und auf die Rouladen streuen, darauf das Kalbstatar verteilen. Jedes Steak vorsichtig einrollen und die Naht mit 1 bis 2 Zahnstochern fixieren.
Die 8 Röllchen bei mittlerer Hitze etwa 10 Minuten rundum grillen, die Tatarfüllung sollte noch nicht ganz gar sein. Die Röllchen vor dem Servieren mit einem dünnen scharfen Messer schräg durchschneiden.
Am besten schmeckt dazu Kartoffelgratin.

Lamm-Fleischspieß mit indischen Aromen

Zutaten für 4 Personen

Für die Fleischspieße:
720 g Lammlende
4 Metall- oder Holzspieße

Für die Gewürzmischung:
2 Anissamen
1 TL Kardamom
1 TL Zimtnelken
1 Chilischote
1 TL Fenchelsamen
1 TL schwarzer Pfeffer

Für das Chutney:
1 EL Pflanzenöl
4 Nelken
1 TL Meersalz
1 Ananas, geschält und gewürfelt
100 g Zucker

Für das Grillgemüse:
1 Knoblauchzehe
jeweils etwa 200 g Zucchini, Auberginen, Paprika und Fenchel
Salz | Pfeffer aus der Mühle | Olivenöl

Zubereitungszeit
Marinieren: 30 Minuten
Kochen: 20 Minuten
Grillen: 15 Minuten

Zubereitung

Das Fleisch in Stücke schneiden und jeweils 180 g auf einen Spieß stecken. Holzspieße vorher in kaltes Wasser legen, damit sie beim Grillen nicht anbrennen. Die Gewürze für die Mischung in einem Mörser zermahlen. Die Fleischspieße damit einreiben und 30 Minuten ziehen lassen.

Für das Chutney das Öl in einem Topf erhitzen, darin die Nelken mit dem Salz anbraten. Die Ananasstücke und den Zucker dazugeben. Alles etwa 20 Minuten einkochen lassen, bis die Ananas zerkocht ist und eine marmeladenartige Konsistenz hat. Das Chutney kann nach Belieben kalt oder lauwarm gereicht werden.

Für das Grillgemüse den Knoblauch halbieren. Das restliche Gemüse putzen und in gleich große Stücke schneiden. Die marinierten Fleischspieße und den Knoblauch zuerst auf den Grill legen und bei mittlerer Hitze von allen Seiten etwa 15 Minuten grillen, dabei mehrmals wenden. Nach etwa 5 Minuten das Gemüse auf den Grill legen, damit es zur gleichen Zeit fertig wird wie das Fleisch. Dabei gelegentlich wenden, zum Schluss mit Salz und Pfeffer würzen.

Den weichen, gegrillten Knoblauch aus der Schale nehmen und mit einer Gabel zerdrücken. Mit etwas Olivenöl vermischen und über die Fleischspieße verteilen. Das Grillgemüse anrichten, darauf die Fleischspieße legen. Das Chutney in einer Schale oder in einem Salatblatt anrichten und dazu reichen.

Auf WIESEN und auf SAND, auf dem STADTBALKON mit Blick hinaus, die Sonne in den Haaren, Grillduft in der Nase.

Gebeizter Wildlachs
mit Grillparfüm

Zutaten für 4 Personen
1 kg Wildlachsfilet, mit Haut

Für die Beize:
100 g Sternanis
100 g ganze Nelken
15 g Zesten von 1 Bio-Orange
15 g Fenchelsamen
10 schwarze Pfefferkörner
200 g Zucker
300 g Meersalz

Für die Marinade:
100 ml Olivenöl
Zesten von 1 Bio-Zitrone
Zitronen- und Orangenspalten

Grillzeit
3 Minuten

Zubereitung

Für die Beize Sternanis, Nelken, Orangenzesten, Fenchelsamen und Pfefferkörner im Mixer oder im Mörser grob zerkleinern. Die Gewürze mit Zucker und Meersalz vermischen.
Das Lachsfilet bei Bedarf entgräten, die Haut nicht entfernen und mit der Hautseite nach unten auf einen Teller legen. Die Beizmischung darüber verteilen, etwas andrücken. Das Filet mit Klarsichtfolie abdecken und maximal 24 Stunden im Kühlschrank beizen.
Das Filet aus der Beize nehmen, die Beizmischung dabei vollständig entfernen. Den Lachs nun mit Öl einreiben, die Fleischseite mit Zitronenzesten bestreuen und 1–2 Stunden ziehen lassen.
Unmittelbar vor dem Grillen die Zitronenzesten vom Filet abstreifen. Den Lachs mit der Fleischseite auf den Grill legen und bei hoher Hitze etwa 3 Minuten grillen. Anschließend vom Grill nehmen und kurz nachziehen lassen. Mit Zitronen- und Orangenspalten garniert servieren.

Profiliga
Für einen leckeren Salatteller den Lachs in dünne Scheiben schneiden und auf knackigen Blattsalaten verteilen. Die Haut vorher entfernen.

Verschwenderisch von der Muse geküsst,
in holzwarme Duftschleier gehüllt. Nur ein Augenblick
im Feuerschein, es ist vollbracht.

Holz, Wein und Glut, Zauberer im Reich der Düfte.
Federleichtes Aromenspiel, vollendetes Räucherwerk,
grandiose Geschmacksgefilde.

Schaumsuppe vom jungen Frühlingslauch mit Saiblings-filet vom Zedernholz

Zutaten für 4 Personen
2 Bund Frühlingslauch oder Frühlingszwiebeln
20 g Sennerbutter
500 ml Grüner Veltliner
250 ml Gemüsebrühe
1 Stück Zedernholz (in der Größe des Fischfilets)
1 Saiblingsfilet
250 ml Sahne
Zitronensaft
Salz

Grillzeit
10 Minuten

Zubereitung
Den Frühlingslauch putzen, waschen und in feine Streifen schneiden. Die Streifen der grünen Teile und der weißen Teile dabei jeweils in getrennte Schüsseln geben. Die Butter in einer Pfanne goldgelb werden lassen, darin die weißen Lauchstreifen bei mittlerer Hitze andünsten, ohne dass sie Farbe nehmen. Nach etwa 10 Minuten mit der Hälfte des Weins ablöschen, dann die Brühe dazugeben und alles bei niedriger Hitze kochen lassen. Das Zedernholz mit dem Rest des Weins tränken und das Filet darauflegen. Jetzt die grünen Lauchstreifen in die Suppe geben. Die Sahne dazugießen und alles mit einem Pürierstab aufmixen. Die Suppe sollte nun eine leicht grüne Farbe haben.
Das Holz mit dem Fischfilet auf den Grill legen, möglichst an eine Stelle mit weniger Glut. Den Deckel des Grills schließen. Das getränkte Zedernholz schirmt die Hitze etwas ab, gleichzeitig verdampft der Wein im Holz. So hat der Fisch sowohl ein Grill- als auch ein Weinaroma. Den Saibling etwa 10 Minuten dämpfen.
Die Suppe mit etwas Zitronensaft und Salz abschmecken, dann in Suppentassen oder Teller füllen. Die Fischstücke darauf verteilen und servieren.

SMALL TALK
„Beim ‚Plank Grilling' sorgt Red Cedar oder auch Hickory für tolles Raucharoma."

GLÄSERKLIRREN
lässt den Gaumen
lachen. Rote Tiefe,
gelbes Licht, die
REINHEIT im Glase
genießen.

Feigen mit Zitronen-Butter-Creme

Zutaten für 4 Personen
2 EL Puderzucker
3 EL weiche Butter
2 EL gemahlene Mandeln
Saft und Abrieb von 1 Bio-Zitrone
12 Feigen
8–10 kleine Cantuccini
2 Alu-Grillschalen

Grillzeit
10–12 Minuten

Zubereitung
Puderzucker in eine Schüssel sieben. Die Butter, Mandeln, Abrieb und Saft der Zitrone dazugeben. Dann alles mit einer Gabel verkneten, bis eine glatte Masse entsteht.
Die Feigen von oben nach unten über Kreuz einschneiden, aber nicht ganz durchschneiden. Die Feigen wie eine Blüte auseinanderziehen. Je 1 TL Zitronenbutter einfüllen. Cantuccini zerbröseln und darüberstreuen. Feigen leicht zusammendrücken, in die Grillschalen setzen und auf dem Grill bei mittlerer Hitze 10–12 Minuten grillen.
Dazu passt sehr gut ein schönes Mandel- oder anderes Nusseis.

SMALL TALK
„Eigentlich vergibt nur die German Barbecue Association den Titel ‚Deutscher Grillkönig‘. Du aber bist und bleibst mein ganz persönlicher Grillheld, Schatz!"

Zitronen-rauchige Fruchtsüße, knusprige Hülle mit *schmelzender Überraschung* im Innern.

WASSER

Wo alles herkommt, ist alles Labsal und
ewiges Glück. Die elementare Nahrung
für alle Sinne.

Das i-Tüpfelchen, *ein bisschen Extra-Raffinesse,* geschmackvoller Begleiter mit eigenem Stil. Nach Lust und Laune kombinierbar.

Rucolapesto

Zutaten für 4 Personen
50 g helle Mandelkerne
250 ml Gemüsebrühe
250 ml Orangensaft
125 g Rucola
1–2 Knoblauchzehen
150 ml Olivenöl
50 g gereifter Pecorino
Salz
weißer Pfeffer aus der Mühle
Zitronensaft

Zubereitungszeit
15 Minuten

Zubereitung

Die Mandeln mit der Brühe und dem Orangensaft kochen lassen, bis die Mandeln weich sind. Bei Bedarf noch etwas Wasser angießen, falls die Mandeln noch nicht weich sind.
Den Rucola verlesen, waschen, trocken tupfen und von sehr dicken Stängeln befreien. Den Knoblauch schälen und in grobe Stücke schneiden. Beides mit Olivenöl, Mandeln und Pecorino in einen Mixer geben und zu einer glatten Paste pürieren. Mit Salz, Pfeffer und wenig Zitronensaft abschmecken.

Profiliga
Das Pesto schmeckt perfekt zu gegrilltem Gemüse, aber auch zu bissfest gekochten Nudeln und ist eine ideale Beilage zu Fisch und Jakobsmuscheln sowie zu Kalbs- und Schweinefilet.

SMALL TALK
„In Erfurt steht Deutschlands erste Grill- und Barbecueschule. Die hat schon ein paar Gewinner der Deutschen Profigrillmeisterschaften hervorgebracht."

Salat von gegrillten Antipasti und Artischocken-Dip

Zutaten für 4 Personen
2 Zucchini
1 Aubergine
je 1 rote und gelbe Paprika
150 g Austernpilze
1 Bund Frühlingslauch
etwas Pflanzenöl (zum Marinieren)
1 Knoblauchzehe
50 ml weißer Balsamicoessig
50 ml Wasser | 100 ml Olivenöl
Salz | frisch gemahlener Pfeffer
1 Prise Zucker
2 Zweige Thymian | 1 Zweig Rosmarin

Für den Dip:
200 g Artischockenherzen (Dose)
1 TL Abrieb einer Bio-Zitrone
3 Stängel Petersilie
etwas Paprikapulver (edelsüß)
Salz | Pfeffer
80 g Crème fraîche
50 g getrocknete Tomaten
50 g schwarze, entsteinte Oliven

Zubereitungszeit
Grillen: etwa 10 Minuten
Marinieren: 15 Minuten

Zubereitung
Artischockenherzen abtropfen lassen. Mit der Zitronenschale und der Crème fraîche fein pürieren. Mit Salz, Pfeffer und etwas Paprikapulver abschmecken. Blätter von der Petersilie abzupfen anschließend die To-maten, Oliven und Petersilie fein hacken und den Dip damit verfeinern. Die Zucchini und die Aubergine waschen, putzen und in ½ cm dicke Scheiben schneiden. Die Paprika putzen, längs vierteln, die Kerne und die Scheidewände entfernen. Die Austernpilze putzen und je nach Größe halbieren. Den Lauch waschen und trocken tupfen. Den Knoblauch fein hacken mit dem Öl mischen und darin das Gemüse 15 Minuten marinieren. Den Balsamicoessig, das Wasser, das Olivenöl, Salz, Pfeffer und Zucker zu einer Salatsauce verrühren. Von den Kräuterzweigen die Blätter bzw. die Nadeln abstreifen und zur Sauce geben.
Das Gemüse bei mittlerer Hitze auf den Grill legen und etwa 3–5 Minuten von allen Seiten grillen. Das Gemüse mit Salz und Pfeffer würzen und anschließend noch warm in die Salatsauce legen und 10 Minuten ziehen lassen. Das Gemüse zusammen mit dem Dip servieren.

Mediterrane Gartenschätzchen,
flammengeküsst, *kunterbunter Aromareigen*
auf einem Blätterbett so grün.

Süßsaurer Trauben-Tomaten-Salat mit Grillgemüse und einem Dressing aus getrockneten Früchten

Zutaten für 4 Personen

Für das Grillgemüse:
100 g Fenchel
200 g Zucchini
200 g gelbe Paprika

Für den Salat:
200 g weiße Trauben
200 g Tomaten
200 g Gurke
frische Kräuter, gehackt (z. B. roter Basilikum, Kerbel)

Für das Dressing:
3 TL Balsamicoessig
2–3 TL Rapsöl
150 g getrocknete Früchte, fein gehackt
Salz
Pfeffer aus der Mühle
1 Prise Cayennepfeffer
gemahlener Kardamom

Für die Garnitur:
Salatblätter (z. B. Romana, Kopfsalat, Eisbergsalat)
Kürbis- und Sonnenblumenkerne, geröstet

Grillzeit
6 Minuten

Zubereitung

Den Fenchel und die Zucchini putzen, waschen und in Scheiben schneiden. Die Paprika halbieren, putzen und die Kerne entfernen. Das Gemüse bei mittlerer Hitze auf den Grill geben und von beiden Seiten in etwa 3 Minuten bissfest garen.

Die Trauben waschen, halbieren, bei Bedarf die Kerne entfernen. Die Tomaten waschen, putzen und in Würfel schneiden, die Gurke schälen und würfeln. Die Kräuter verlesen, waschen, dann trocken schütteln. Trauben, Tomatenwürfel und Kräuter in einer Schüssel zu einem Salat vermischen. Für das Dressing Essig, Öl, Trockenfrüchte, Salz, Pfeffer, Cayennepfeffer und Kardamom in einem Mixer zu einem Dressing verrühren und abschmecken. Das Dressing unter den Trauben-Tomaten-Salat mischen, alles kurz ziehen lassen. Die Salatblätter putzen, waschen, trocken schütteln und auf Tellern anrichten. Den Tomaten-Trauben-Salat in die Mitte der Salatblätter geben. Das Grillgemüse um den Salat herum verteilen. Mit Kürbis- und Sonnenblumenkernen garnieren und servieren.

SMALL TALK
„Wusstest Du, dass es Grillhoroskope gibt? Meines hat mir Candle-light-Grillen mit Salatkompositionen an mundgerechten Grillhäppchen prophezeit."

Milder Caesarsalat von jungen Rote-Bete-Blättern und Feldsalat mit Fleischspießen

Zutaten für 4 Personen
400 g Geflügelfleisch

Für die Marinade:
1 TL Sojasauce
1 TL Zucker
10 g Knoblauch und Ingwer, gehackt

Für die Salatsauce:
2 TL Olivenöl
3 TL weißer Essig
1 TL Senf
etwas Knoblauch und Ingwer, gehackt
Salz
Pfeffer aus der Mühle
etwa 2 EL Brühe
Rote-Bete-Blätter
Schnittlauch
20 g Parmesan, gerieben

Zubereitungszeit
Marinieren: 20 Minuten
Grillen: nach Augenschein

Zubereitung
Das Fleisch in kleine Stücke schneiden und auf Grillspieße stecken. Für die Marinade die Sojasauce, den Zucker sowie Knoblauch und Ingwer verrühren. Die Spieße anschließend in der Marinade etwa 20 Minuten ziehen lassen, dann grillen und beiseitestellen.
In der Zwischenzeit für die Salatsauce das Öl, den Essig und den Senf mit einem Schneebesen glatt rühren. Knoblauch und Ingwer dazugeben, dann mit Salz, Pfeffer und Brühe abschmecken. Nach Belieben die restliche Marinade in die Salatsauce rühren.
Die Rote-Bete-Blätter auf Tellern verteilen. Die Geflügelspieße darauf anrichten und mit Parmesan und Schnittlauch bestreut servieren.

Frischer Wind auf der Geschmacksbühne, *klassisch, neu interpretiert.* Hauptdarsteller: feine Spießgesellen von rot-grünem Jungstar flankiert.

ZEIT für mich.
Von Gang zu Gang.
Und der TAG endet in
KÖSTLICHER Ruhe.

Gegrillter Ziegenkäse
mit Feigenspieß und Honig

Zutaten für 4 Personen
400 g Ziegenkäserolle
4 Zweige Rosmarin
4 Feigen
2 EL Waldhonig
Pfeffer aus der Mühle

Grillzeit
etwa 10 Minuten

Zubereitung
Dieses Gericht eignet sich am besten für den Pizzastein, da der Käse auf
direktem Feuer schnell anbrennt oder auseinander bricht.
Die Ziegenkäserolle mit einem dünnen, mit Wasser befeuchtetem Messer in gleich große, nicht zu dünne Teile schneiden und bis zum Grillen
kühl stellen.
Die Rosmarinzweige waschen, trocken schütteln und die Nadeln abzupfen, die Zweige beiseitelegen. Die Feigen vierteln und jeweils eine
mit den geschnittenen Flächen nach oben auf einen Rosmarinzweig
aufspießen. Die Schnittflächen mit Honig beträufeln und einige Rosmarinnadeln darüberstreuen. Wenn die Pizza- oder Grillplatte heiß ist, die
Spieße und den Käse zusammen einige Minuten grillen, beide sollten
etwa zur gleichen Zeit fertig sein. Vorsicht beim Grillen der Feigen, der
Honig kann leicht verbrennen.
Nach Belieben das Ganze mit einer Prise Pfeffer abrunden und servieren.

Götterfrucht mit Rosmarinherz,
cremiger Schmelz, *ein Quäntchen Karamell.* Pikante Süße,
süße Pikanterie, Gruß aus dem Schlaraffenland.

Gewürzpaste, *mörsergerieben und ölgerührt.*
Knusperhaut an safttriefenden Fruchtjuwelen,
Einladung zum Genuss ganz ohne Worte.

Hähnchenschenkel
mit Grillananas und Melone

Zutaten für 4 Personen
3 Knoblauchzehen, geschält
2 EL Meersalz
1 EL schwarze Pfefferkörner
1 Zweig Minze
1 EL Olivenöl
4 Hähnchen- oder Poulardenschenkel
8 Scheiben einer geviertelten Melone (je 1 cm dick)
4 Scheiben Ananas (je 1 cm dick)

Zubereitungszeit
Marinieren: 1 Stunde
Grillen: 25–30 Minuten

Zubereitung
Knoblauch mit Meersalz und Pfeffer in einen Mörser geben. Die Minze waschen, trocken schütteln und die Blätter abzupfen. Die Hälfte der Minze mit den anderen Gewürzen im Mörser zerstoßen. Anschließend das Öl unterrühren. Die Hähnchenschenkel damit einreiben und etwa 1 Stunde marinieren.
Nun die Schenkel auf den Grill legen und 25–30 Minuten grillen, dabei mehrmals wenden. Kurz bevor das Geflügel gar ist, die Ananas- und Melonenscheiben ebenfalls auf den Grill legen und auf beiden Seiten etwa 10 Minuten grillen.
Die Hähnchenschenkel auf einer Platte anrichten, die Fruchtscheiben danebenlegen und alles mit der restlichen Minze garnieren.

Profiliga
Die Melonen schneiden und leicht salzen, dann in eine Plastiktüte geben und am besten über Nacht ruhen lassen. Dann werden die Melonen auf dem Grill super knusprig.

Roter Panzer, perlmutt schimmerndes Weiß, zarte
Berührung – ein Hauch nur – sanft glimmender Glut,
wohliges Versinken in wildkräuterduftender Essenz.

Bergbach-Bouillabaisse mit gegrillter Einlage und Alpenkräutern

Zutaten für 4 Personen
500 g Flusskrebse
1 kg weißfleischiger Fisch (Saibling oder Forelle)
Salz

Für den Sud:
500 ml Gemüsebrühe
1 Fenchel, in dünne Streifen geschnitten
½ Stange Lauch, fein geschnitten
1 g Safran
1 Sternanis

Für die Garnitur:
1 Stängel wilder Thymian
1 Stängel wilde Minze
1 Stängel wilder Oregano

Grillzeit
10 Minuten

Zubereitung
Die Krebse in kochendem Wasser etwa 3 Minuten blanchieren, dann in
Eiswasser abkühlen lassen und das Krebsfleisch aus der Schale brechen.
Die Schalen beiseitelegen, aber nicht wegwerfen.
Die Brühe mit dem Fenchel, dem Lauch, dem Safran und dem Sternanis
in einem Topf langsam zum Köcheln bringen. Die Krebsschalen in einem
kleinen Tuch oder in einem Sieb in die Brühe hängen, sodass sie ihren
Geschmack abgeben können. Den Sud 20 Minuten bei niedriger Hitze
köcheln lassen.
Die Fische filetieren, die kleinen Gräten entfernen. Die große Mittelgräte
in den Sud geben und weiterköcheln lassen.
Die Filets mit Küchenpapier abtupfen und leicht mit Salz würzen. Dann
den Fisch kurz mit der Hautseite auf den heißen Grill legen.
Die Bouillabaisse mit der Gemüseeinlage in Tassen oder eine große
Schüssel füllen. Die Fischfilets bei Bedarf in Stücke teilen, dann in die
Suppe geben und kurz ziehen lassen. Thymian, Minze und Oregano waschen, trocken schütteln und hacken. Die Kräuter über die Bouillabaisse
streuen und servieren.

Edle Früchte des MEERES, herrliche Speise aus FLÜSSEN und SEEN. Sollten wir nicht sorgsamer damit sein?

Lackiertes Wallerfilet vom Grill auf Paprika-Nudel-Risotto mit Kokosparfüm

Zutaten für 4 Personen
4 Wallerfilets (je 200 g)

Für den Lack:
2 Stängel Zitronengras
2 EL rote Chilisauce
1 EL Tom-Yum-Paste
je 1 TL Ingwer und Knoblauch, fein gehackt

Für die Paprikasauce:
je 25 g Ingwer und Knoblauch, gehackt
Olivenöl (zum Braten)
4 EL Ajvar
2 Stängel Zitronengras
2 TL Sojasauce
125 ml Weißwein
125 ml Kokosmilch
1 grüne Paprika
Salz, Pfeffer aus der Mühle
4 EL Chilisauce

Für den Nudelrisotto:
200 g griechische Nudeln
125 ml Gemüsebrühe

Grillzeit
etwa 6 Minuten

Zubereitung
Für den Lack das Zitronengras fein hacken und mit der Chilisauce, der Tom-Yum-Paste und Ingwer sowie Knoblauch mischen.
Den Fisch mit der Fleischseite zuerst auf den heißen Grill legen, nach 2–3 Minuten wenden und mit dem Lack bestreichen. Die Filets dann bei indirekter Hitze langsam ziehen lassen. Dafür die Glut oder den Fisch zur Seite schieben, damit das Filet keine direkte Hitze bekommt.
In der Zwischenzeit für die Paprikasauce Ingwer und Knoblauch in etwas Öl anbraten. Ajvar und das angedrückte Zitronengras dazugeben. Alles mit Sojasauce und Weißwein ablöschen. Die Kokosmilch dazugießen und kurz köcheln lassen. Das Zitronengras herausnehmen und die Sauce aufmixen. Die Paprika putzen, waschen, in Würfel schneiden und in die Sauce geben. Die Sauce mit Salz, Pfeffer und Chilisauce abschmecken.
Für den Nudelrisotto die Nudeln in der Gemüsebrühe kochen und in die Sauce geben, alles gut durchmischen. Den Paprika-Nudel-Risotto auf Teller verteilen und die Wallerfilets darauf anrichten.

Profiliga
Wenn der Nudelrisotto von der Sauce her etwas flüssiger gehalten wird, erspart man sich eine Sauce und auch den Arbeitsgang.

Meeresduft, leicht salzige Brise, das zarteste Rosa, unverfälscht. *Ein wenig Hitze, ein cremiger Abschluss – fertig ist die Aromapackung.*

Gegrilltes Lachssteak mit Sauce aus Kartoffeln und Kräuter

Zutaten für 4 Personen
4 Lachssteaks (je 200 g)
Salz
Pfeffer aus der Mühle
Saft von 1 Bio-Zitrone

Für die Sauce:
1–2 mehligkochende Kartoffeln (etwa 200 g)
100 ml Gemüsefond (aus dem Glas)
50 ml Milch oder Sahne
50 g gemischte Kräuter (z. B. Kerbel, Basilikum, Petersilie)
1 EL Crème fraîche
50 g saure Sahne
Salz
weißer Pfeffer aus der Mühle
1 Prise Zucker
Saft von ½ Bio-Zitrone
1 Spritzer Worcestersauce

Grillzeit
etwa 20 Minuten

Zubereitung
Als Erstes die Fischsteaks mit Salz, Pfeffer und Zitronensaft würzen.
Für die Sauce die Kartoffeln schälen und würfeln. Mit dem Gemüsefond sowie der Milch aufkochen und in 15–20 Minuten sehr weich kochen. Die Kräuter grob schneiden, in einem Sieb abbrausen und gut abtropfen lassen. Einige Kräuter zum Garnieren beiseitelegen, die restlichen zu den Kartoffeln geben und alles im Mixer oder mit einem Pürierstab fein pürieren. Die Sauce erneut in einem Topf aufkochen lassen. Crème fraîche und saure Sahne einrühren und die Sauce mit Salz, weißem Pfeffer, Zucker, Zitronensaft und Worcestersauce abschmecken.
Die Lachssteaks auf den Grill legen und von beiden Seiten etwa 10 Minuten grillen. Die Steaks auf Teller verteilen und mit Sauce beträufeln. Mit einigen Kräutern garniert servieren.

Profiliga
Die Sauce muss nicht unbedingt heiß serviert werden und ist auch gut vorzubereiten.

Essen, trinken, das LEBEN feiern. Mit allen Sinnen und der LIEBE zu Mensch und Natur.

Seesaibling und gebratene Jakobsmuscheln in Bouillabaisse-Aromen

Zutaten für 4 Personen

2 Fenchelknollen
1 Knoblauchzehe
4 Seesaiblingsfilets (auch Polarsaibling genannt)
4–8 Jakobsmuscheln
100 ml Olivenöl
10 ml Pernod
Meersalz
Pfeffer aus der Mühle
8 Kartoffelscheiben
1 Bund Kerbel
5 Zweige Thymian
3 Stängel Petersilie
40 g Butter
1 g Safranpulver

Grillzeit

etwa 20 Minuten

Zubereitung

Den Fenchel in Scheiben schneiden und als Erstes auf den Grill legen, da er am längsten braucht, um weich zu werden. Inzwischen den Knoblauch halbieren und ebenfalls auf den Grill legen, aber nicht zu heiß grillen. Die Saiblingsfilets und die Jakobsmuscheln unter kaltem Wasser säubern, anschließend auf Küchenpapier abtropfen lassen. Das Olivenöl mit Pernod vermischen. Die Fische und die Muscheln darin etwa 10 Minuten einlegen, mit Salz sowie Pfeffer würzen und zusammen mit den Kartoffelscheiben auf den Grill geben, am besten auf eine Grillplatte. Den Saibling etwa 4 Minuten nicht zu heiß grillen und vorsichtig wenden, da er empfindlich ist. Die Jakobsmuscheln so lange grillen, bis das Fleisch weiß ist, aber sie sollten nicht ganz durch sein, da sie sonst zäh werden.

Kerbel, Thymian und Petersilie waschen, trocken schütteln, die Blättchen abzupfen und fein hacken. In eine feuerfeste Form oder flache Schüssel die Butter mit dem Safran und den Kräutern geben und an der Seite des Grills bei mittlerer Hitze erwärmen, sodass sich das Kräuteraroma entwickeln kann. Dann die heißen und garen Kartoffelscheiben sowie den Fenchel dazugeben und darin ziehen lassen, bis der Fisch und die Muscheln gar sind.

Anschließend den weich gegrillten Knoblauch und mit einer Gabel fein zerdrücken und unter das Gemüse mischen. Den Fisch auf Tellern anrichten, das Gemüse mit der Kräutermischung darübergeben, die Jakobsmuscheln daraufsetzen.

SMALL TALK

„Tests sollen ja ergeben haben, dass Elektrogrills, gut hochgeheizt, für das gleiche volle Grillaroma sorgen wie Holzkohlegrills. Hast du da Erfahrungen?"

Gegrilltes Calamaristeak mit gegrillten Zitrusfrüchten und Tonkabohne

Zutaten für 4 Personen
4 Calamaristeaks

Für die Marinade:
125 ml Sojasauce
2 EL Orangensaft
1 Msp. Tonkabohne, gerieben
2 Chilischoten
2 EL Zitronensaft
1 EL brauner Zucker
2 Bio-Orangen
3 Bio-Zitronen

Zubereitungszeit
Marinieren: 10 Minuten
Grillen: 10 Minuten

Zubereitung
Für die Marinade Sojasauce, Orangensaft, Tonkabohne, Chilis, Zitronen-saft und braunen Zucker verrühren und die Calamaristeaks darin etwa 10 Minuten einlegen.
In der Zwischenzeit die Orangen und Zitronen halbieren. Mit der Schnitt-fläche auf den Grill legen und so lange grillen, bis das Fruchtfleisch weich ist. Anschließend vom Grill nehmen und warm halten.
Nun die Calamari aus der Marinade nehmen und von beiden Seiten etwa 5 Minuten grillen, jedoch nicht zu heiß, da sonst der Zucker in der Mari-nade anbrennt.
Kurz vor dem Servieren die Calamaristücke mit der restlichen Marinade be-pinseln. Die Calamaristeaks auf Tellern mit den Zitrusfrüchten anrichten.

Profiliga
Anstelle von Calamari können Sie auch jedes andere Fischfilet verwenden wie Pangasius, Thunfisch, Lachs oder Tilapia.

Weiß schimmernde Meeresfrucht,
eine Ahnung von Zitrus, Chili, Tonkabohne.
Glücksgefühle per Gaumen.

Marinierte Scampi auf Wokgemüse

Zutaten für 4 Personen
20 Scampi mit Schale
Meersalz

Für die Marinade:
100 g Frühlingslauch, fein geschnitten
je 1 Zweig Thymian, Rosmarin und Lavendel
250 ml Weißbier
3 EL Holundersirup

Für das Wokgemüse:
800 g Gemüse der Saison, in Stücke geschnitten (z. B. Karotten, Pilze,
Brokkoli, Zuckerschoten, Chinakohl, Paprika, Thaispargel)
etwa 1 EL Sesamöl
200 g Zwiebeln, in Würfel geschnitten
600 g frische oder 100 g getrocknete Pflaumen, halbiert
2 Bund Koriander, grob gehackt
400 g Sojasprossen
Salz
Pfeffer aus der Mühle

Zubereitungszeit
Marinieren: 30 Minuten
Grillen: 5–8 Minuten

Zubereitung
Für die Marinade den Frühlingslauch, die Kräuterzweige, das Weißbier und den Holundersirup in eine Schüssel geben und leicht verrühren. Marinade beiseitestellen. Die Scampi nach Butterfly-Art aufschneiden. Dafür die Scampi am Rücken entlang vom Kopf bis zum Schwanz aufschneiden, aber nicht durchschneiden, bei Bedarf den Darm entfernen. Die Seiten auseinanderklappen, sodass sie wie Schmetterlinge (butterfly) aussehen.
Die Scampi etwa 30 Minuten in die Marinade legen.
Mit der Schalenseite auf den Grillrost legen und bei mittlerer Hitze je nach Größe etwa 5–8 Minuten gar grillen. Abschließend mit Meersalz würzen und warm stellen.
Während die Krustentiere gegrillt werden, das Gemüse putzen, waschen und in Stücke schneiden. Das Öl in einer großen Pfanne oder einem Wok erhitzen und die Zwiebeln darin anbraten, dann das Gemüse dazugeben. Alles gut durchschwenken. Abschließend die Pflaumen unterrühren. Das Wokgemüse mit der restlichen Marinade ablöschen und die Hitze reduzieren. Dann den Koriander untermischen. Kurz vor dem Servieren die Sprossen und, nach Belieben, Sesamöl einrühren, dann mit Salz sowie Pfeffer abschmecken. Die Scampi mit dem Wokgemüse auf Tellern anrichten und servieren.

Profiliga
Um das Gemüse schneller zubereiten zu können,
kann man alles im Vorfeld schon separat im Wok
anschwenken.

Edle Einfachheit, schlichte Eleganz.
Ein, zwei Schuss Fantasie, *Aufstieg in die erste Feinschmecker-Liga,*
de luxe im Handumdrehen.

Hummer vom Grill
mit Kräuterbutter

Zutaten für 4 Personen
4 EL Butter
½ Bund Basilikum
½ Bund Schnittlauch
4 halbe Hummerschwänze
Saft von 2 Bio-Zitronen
Salz
Pfeffer aus der Mühle
Cayennepfeffer
20 ml Pernod

Grillzeit
10 Minuten

Zubereitung
Die Butter zerlassen, die Kräuter fein hacken und zur Butter geben.
Dann den Hummer der Länge nach halbieren und mit etwas Zitronensaft,
dem Pernod, Salz, Pfeffer und Cayennepfeffer würzen.
Die Hummerhälften mit der Schnittfläche auf den Grill geben und etwa
5 Minuten grillen, danach wenden. Anschließend die Schnittfläche mit
Kräuterbutter bepinseln. Die Hummer auf der oberen Schiene des Grills
oder an der Seite bei mittlerer Hitze gar grillen.
Den fertig gegarten Hummer vorsichtig aus der Schale brechen und mit
der restlichen Butter beträufeln.
Als pikante Beilage eignen sich gegrillte Zwiebeln und Paprikaschoten.

Profiliga
Lebt der Hummer noch, dann tauchen Sie ihn
kurz für maximal 1 Minute in kochendes Salzwasser, um ihn zu töten. Anschließend können Sie
ihn halbieren.

*Den Atem hören,
das Blut klopft,
die FREUDE weitet
die Bahnen.
Ankommen und
bewusst genießen.*

Sommerfrüchte, *sonnensatt, fluffig ummantelt,*
Kinderliebling. Als Zugabe ein paar Feuerküsse,
andächtiges Schweigen und Genießen.

Grill-melisierte Crêpes
mit Beeren gefüllt

Zutaten für 4 Personen
Für die Crêpes:
125 g Mehl
50 g Zucker, 2 Eier
je 125 ml Milch und Mineralwasser
1 TL Pflanzenöl (zum Backen)

200 g Beeren der Saison
2 Zweige Minze, gehackt
1 EL Puderzucker
20 ml Grand Marnier
1 Msp. Chilipulver

Grillzeit
2–3 Minuten

Zubereitung
Marinieren Sie zunächst die Beeren. Dafür große Beeren in kleine Stücke schneiden. Diese mit Grand Marnier, einem Teil der gehackten Minze und der Hälfte des Puderzuckers sowie dem Chilipulver gut durchmischen und zum Füllen der Crêpes beiseitestellen.
Bereiten Sie aus den Zutaten für die Crêpes einen Teig wie bei Pfannkuchen. Backen Sie dann aus dem Teig etwa 12–15 cm große Crêpes in einer Pfanne oder auch auf der Grillplatte. Lassen Sie die Crêpes kurz abkühlen. Füllen Sie sie anschließend mit dem Beerenragout, sodass sie noch eingeschlagen werden können. Die gefüllten Crêpes dann vorsichtig und bei nicht allzu großer Hitze von beiden Seiten kurz grillen und sofort mit dem restlichen Puderzucker bestäuben.
Mit Minze dekorieren und dem verbliebenen Saft der Marinade servieren.

Wenn Sie die QR-Codes mit Ihrem Smartphone einscannen, erhalten Sie eine Zutatenliste für jedes Rezept, die Sie bequem direkt mit zum Einkaufen nehmen können.

Dieses BUCH ent-stand in der NATUR, mit FREUNDEN, mit viel SPASS und mit großer LIEBE zu den Lebensmitteln.

Viel mehr zum Thema Grillen und Küchenhelfer auf: www.roesle-bbq.de

RÖSLE

SINCE 1888

Impressum

RÖSLE GmbH & Co. KG
Geschäftsführerin: Christel A. Brechtel

Autoren
Frank Heppner: alle Rezepte/Idee
Bärbel Schermer: weitere Texte

Fotograf
Alexander Walter

Foodstyling
Sven Dittmann

Produktion: bookwise medienproduktion GmbH, München
Konzept und Gestaltung: Gramisci Editorialdesign, Stefanie Wawer
Redaktion: bookwise medienproduktion GmbH, München

Druckvorstufe
Lanarepro GmbH

Druck und Binden
Polygraf Print, Slovakia

© 2013 RÖSLE, Marktoberdorf

Printed in Slovakia

ISBN 978-3-00-042076-4

Besuchen Sie uns im Internet
www.roesle.de | www.roesle-bbq.de

Frank Heppner
Der Münchner Starkoch Frank Heppner war maßgeblich daran beteiligt, mit seinem unverwechselbaren euroasiatischen Kochstil die deutsche Küche zu reformieren. Nach Aufenthalten bei Jahrhundert-Koch Eckart Witzigmann sowie in vielen Sterne-Palästen oder in ganz Europa trieb es ihn nach Abschluss der Meisterprüfung für viele Jahre nach Asien (Korea, Hongkong und die Philippinen), wo er wo er unter anderem im Hilton und Peninsula arbeitete und sein individuelles Markenzeichen entwickelte.
Die Verbindung von natürlichen und gesunden Produkten sowie die Exotik Asiens sind der Grundstein seiner Bücher. In Zusammenarbeit mit der Firma RÖSLE entstanden die Rezepte und Ideen für dieses neue Buch.
Frank Heppner präsentiert eine moderne Interpretation der asiatischen Küchenphilosophie in Verbindung mit ausgesuchten regionalen Produkten. Sein sinnlich-leichter Grillstil ist darauf ausgerichtet, Körper und Geist Kraft und Energie zu verleihen.

Alexander Walter
Alexander Walter ist seit über 20 Jahren selbstständiger Fotograf. Im Auftrag renommierter Verlage und internationaler Agenturen arbeitet er vor allem in den Bereichen Food, Still Life, People, Reportage und Industrie. Der leidenschaftliche Hobbykoch war bei über 60 Kochbüchern für die optische Umsetzung des Konzepts verantwortlich. Er lebt und arbeitet mitten im Grünen, im schönsten bayerischen Alpenvorland im Raum München.

Sven Dittmann hat die Gerichte für dieses Buch in Szene gesetzt. Der gelernte Koch, der elf Jahre lang in renommierten Restaurants gearbeitet hat, ist seit 2006 als freiberuflicher Foodstylist für Verlage und Werbeagenturen tätig.

Maria Gilg, gelernte Floristin, hat ihre Liebe und ihr Gespür für Gestaltung und Requisiten mit der Zeit auf die Bereiche Food und Still Life erweitert und ist auch bei diesem Buch ganz entscheidend für das wunderbare Styling verantwortlich.

Katrin Sedlbauer unterstützte das Fotografenteam immer gut gelaunt und unermüdlich mit kreativen Ideen und Einsatzbereitschaft.

RÖSLE

SINCE 1888